中国経済改革と洋務運動

―― 歴史の鑑に映す

折戸　洪太

目　次

序　章　歴史の鑑に映した経済改革 ………………………………… 7
　1．経済改革と洋務運動 ……………………………………………… 7
　2．洋務運動を鑑としたのではないか ……………………………… 8

第一章　経済改革を概観する ………………………………………… 12
　第一節　安徽省鳳陽県、再び皇帝を輩出する ……………………… 12
　　1．朱元璋もまた、この農村の貧困にあえぐ農民であった………… 12
　　2．各戸請負制の採用は、皇帝を生みだしたと同じほど画期的なこと
　　　である………………………………………………………………13
　　3．各戸請負制を採用することは、よくよくのことであったからで
　　　である………………………………………………………………17
　第二節　人民公社解体以後 …………………………………………… 18
　　1．各戸請負制採用後の農民、農業、農村の変化 ………………… 19
　　2．自留地の回復と家庭による副業生産が許可されたこと ……… 20
　　3．自由市場（農業貿易市場、または集市貿易）が開放されたこと… 21
　　4．農村において多種経営が可能となったこと ……………………… 23
　第三節　郷鎮企業の発展 ……………………………………………… 24
　　1．郷鎮企業の類型 ………………………………………………… 27
　　　① 蘇南モデル ……………………………………………………… 27
　　　② 温州モデル ……………………………………………………… 28
　　　③ 珠江モデル ……………………………………………………… 29
　　2．農民労働者の都市への流入 ……………………………………… 29
　第四節　国有企業改革 ………………………………………………… 32

一　計画経済時代の国営企業 …………………………………… 33
　　二　国有企業改革の段階と内容 ………………………………… 38
　　　1．企業自主権の拡大 ………………………………………… 39
　　　2．「利改税（利益を税に変える）」について ……………… 41
　　　3．企業経営請負責任制について…………………………… 42
　　　4．「産権（財産権）」をはっきりとさせることについて … 43
　　　5．近代企業の成立について ………………………………… 45
　　三　国有企業改革における問題点 ……………………………… 46

第二章　洋務運動について ……………………………………………… 60
　第一節　洋務運動の概要 ……………………………………………… 60
　　1．買弁の定義 ……………………………………………………… 62
　　2．洋務運動の定義 ………………………………………………… 63
　　3．洋務運動ということば ………………………………………… 65
　第二節　洋務運動における「自強」の段階 ……………………… 65
　　　ⅰ　安慶内軍械所（1861年）………………………………… 66
　　　ⅱ　江南制造総局（1865年）………………………………… 68
　　　ⅲ　金陵機器局（1865年）…………………………………… 71
　　　ⅳ　福州船政局（1866年）…………………………………… 73
　　　ⅴ　天津機器局（1867年）…………………………………… 74
　第三節　洋務運動における「求富」の段階 ……………………… 78
　　　ⅰ　輪船招商局（1872年）…………………………………… 80
　　　ⅱ　開平鉱務局（1877年）…………………………………… 81
　　　ⅲ　天津電報総局（1880年）………………………………… 85
　　　ⅳ　上海機器織布局（1890年）……………………………… 86
　　　ⅴ　蘭州機械織呢局（1880年）……………………………… 87
　　　ⅵ　唐山胥各荘鉄路（1881年）……………………………… 88

第四節　洋務運動における第三段階について …………………… 89
　　　　ⅰ　天津鉄路公司（1887年） ……………………………………… 90
　　　　ⅱ　北洋艦隊整備（1887年） ……………………………………… 90
　　　　ⅲ　湖北煉鉄廠（1890年） ………………………………………… 91
　　第五節　洋務運動と教育制度 ……………………………………… 93
　　　1．洋務運動にさきだつ時期の教育制度 ……………………………… 93
　　　2．新式教育のはじまり ………………………………………………… 96
　　　　①　外国語翻訳のための学校 ………………………………………… 96
　　　　　ⅰ　京師同文館（北京同文館）（1862年） ……………………… 96
　　　　　ⅱ　上海広方言館（1863年） ……………………………………… 98
　　　　　ⅲ　広東同文館（1864年） ………………………………………… 98
　　　　②　軍事に関する学校 ………………………………………………… 99
　　　　　ⅰ　福建船政学堂（1866年） ……………………………………… 99
　　　　　ⅱ　天津水師学堂（1880年） ……………………………………… 100
　　　　　ⅲ　江南水師学堂（1890年） ……………………………………… 100
　　　3．留学生の派遣について ……………………………………………… 101
　　　　①　児童（幼童）のアメリカへの派遣 ……………………………… 102
　　　　②　その他のヨーロッパ諸国への派遣 ……………………………… 105
　　　　③　容閎について ……………………………………………………… 106
　　　　④　厳復について ……………………………………………………… 107

第三章　洋務運動と明治維新の比較 …………………………… 113

　第一節　両国の封建制を比較する ……………………………………… 115
　第二節　洋務企業（工業）と日本幕末・明治初期の日本企業
　　　　（工業）を比較する ……………………………………………… 120
　　　1．近代軍事工業を比較する …………………………………………… 120
　　　2．鉄道について比較する ……………………………………………… 124

第三節　教育面を比較する ……………………………… 128
　　　1．日本の学制 ………………………………………… 128
　　　2．留学生の問題について …………………………… 130

第四章　官僚主義について …………………………………… 134
　　第一節　官僚主義とはなにか …………………………… 134
　　第二節　現在に官僚主義が存在するか ………………… 144
　　第三節　官僚主義を克服できるか ……………………… 151

終　章　洋務運動と明治維新の結果を分けたもの ………… 157
　　　①　両国の封建制度がもつ性質の違いについて ……… 158
　　　②　歴史的に続いてきた伝統の違いについて ………… 160

あとがき………………………………………………………………163

序章　歴史の鑑(かがみ)に映した経済改革

1. 経済改革と洋務運動

　古代四大文明のなかで、中国は当時の民族がそのまま、その地域で生活しつづけている唯一のものであり、さらに、歴史を詳しく書きとどめた記録が大量に残されている面でも、他とはきわだった特色をもっている。神話時代のことはさておき、最初の王朝といわれる殷の成立からかぞえても3600年前後の長期間にわたって、たえることなく歴史を記録しつづけてきている。

　また代々の為政者・指導者たちは、歴史を常に視野におき、記録されてきた歴史を鑑(かがみ)として行動し、政策を策定してきたといわれる。歴史上成功した経験にのっとる場合には、その経験から成功するための方法を学び、逆に失敗した経験からは、失敗の原因を分析・学習して、前車の轍(てつ)を踏まぬよう、失敗を成功へと転化させるべく努力する行動様式がとられてきた。

　1979年から開始された経済体制改革、いわゆる経済改革には、それにさきだつ時期、つまり中華人民共和国建国以来約30年間にわたって展開されてきた体制からいえば大転換とよぶことができ、かなり様相のことなった政策が採用されている。このため、前の時代は「計画経済」の時代と呼ばれ、それと対比させて経済改革の時代は、「社会主義市場経済」の時代と呼ばれている。

　計画経済の時代は、「共産党執政」の下で「社会主義」をめざし、「プロレタリア階級独裁」の下で「マルクス・レーニン主義、毛沢東思想」を指導思想とし、政策の重点は「政治優先」におかれ、当時の世界が資本主義諸国と社会主義諸国との両極対立という図式のなかで、国際的な経済関係のほとんどは社会主義諸国との間に限定され、国内では単一の「国家所有制経済」を主体とす

る、当時「市場」とは対立する概念と考えられていた「計画経済」による「社会主義建設」をめざしていた。初期のうち推進された、農業、手工業および資本主義的商工業への社会主義改造、社会主義工業化等の基礎部分の建設にみるべき成果があったものの、経済建設は曲折した発展過程をたどり、結局は30年間にわたる奮闘の後そこにできあがっていたものは、「貧困の平等」、「平均主義」等で表現される「社会主義経済体制」であった。

1979年から開始された経済改革は、「共産党執政」の下で「社会主義」をめざし、「プロレタリア階級独裁」の下で「マルクス・レーニン主義、毛沢東思想」を指導思想とするという原則は変わらないものの、政策の重点が「政治優先」から「経済優先」へと転換され、「国家所有制経済」を主体とする「計画経済」は、依然として「国家所有制」を主体とするけれども、多様な所有制が併存するものへ、また一面的に計画に依拠するのではなく市場にも大幅に依拠する、そして国際的には経済的に広く世界に開放された「社会主義市場経済」へ向けての転換をめざし、「貧困の社会主義」から「ゆたかな社会主義」をめざす方向転換がなされた。

「政治優先」からの方向転換、そして経済改革の政策を策定するにあたり、「洋務運動が参考にされた」、「洋務運動とどこか似ている」とのことばを1980年代の中国で耳にしたことがあったが、その後このことはわたしの意識からほとんど消えていた。しかし、大胆にすすめられている経済改革を目にするにしたがって、たしかに洋務運動と似ているとのかんがえがしだいに膨らみ、現在では類似性があるとおもっている。

2．洋務運動を鑑としたのではないか

経済改革は、曲折した経済発展過程をたどった「計画経済」時代とはことなり、20数年間比較的順調に推進され、直線的な右肩上がりの発展をとげてきた。そして経済が発展し、世界経済における中国の比重が増すにつれ、この経済改革がどのような性質をもち、どのような方向に向かっているかについてしだいに世界の多くの人たちが注目するようになり、中国についてもっとも知り

たいことの一つになっている。

　しかしこの論考は、将来を予言するためではなく、確たる論拠によって中国像を捉えるためのものであり、その方法として経済改革の立案者たちが鑑として描いたといわれる洋務運動とあらためて比較を試みるものである。比較にあたって、洋務運動は日本の明治維新ともよく比較されていることから、明治維新または日本との比較にもいくらかふれることになる。

　洋務運動は中国の長い歴史のなかでそれまで遭遇することのなかった「変局」に対応するためにはじめられたものであり、したがって当時清朝政府が遭遇していた事態は、歴史には参考とする前例がないものであった。
　「なに一つ変化しないことはよいことである」が、中華思想を表現することばとしてあるという。この考え方、それにもとづく行動は、現在のわれわれがもつ感覚からすれば、誤りであると簡単に結論づけてしまわれるであろう。しかし、中国が対外的に、文化的、軍事的、経済的、社会的等の各方面で圧倒的優位な条件をもっておりさえすれば、このように「なに一つ変化しない」、「なに一つ変化させず」に「過去になされたとおり」に対処することは、多くの場合「正しい対処法」であったはずである。しかし、アヘン戦争からはじまる西欧列強との関係は、それまでの行動パターンをあてはめることのできない、参考とすべき前例のない「変局」であった。そのためしばらく清朝の皇帝、高官たちは、自分たちのおかれている状況を、自分たちの論理では理解すらできなかった。
　1793年、イギリス政府がマカートニー卿を派遣して貿易の自由化について交渉させようとしたことからはじまり、1816年のアーマスト卿の派遣、そしてアヘン戦争へと続く、イギリス・西欧との交渉過程のなかで、三跪九叩頭(さんききゅうこうとう)を拒否する西欧文化との衝突、それからはじまる歴史の流れは、中国の為政者・指導者たちにとっては参考にすべき鑑のない、まさに「変局」のはじまりであった。
　アヘン戦争を戦った林則徐と関わりをもち、「師夷長技以制夷（夷のすぐれた技を師として、夷を制する）」のことばにより西洋文化受容を主張した先駆

者として知られる魏源からはじまる、外国にたいする新たな思想がうまれた。19世紀60年代はじめに開始された洋務運動は、太平天国運動鎮圧が伝統的な満州族を中心とする軍事組織では不可能となり、清朝最大の課題となっている状況のなかで、漢族高級官僚である曾国藩（そうこくはん）、李鴻章（りこうしょう）を代表とする人たちが「中体西用（中国の思想を主体とし、西洋の技術を道具として使う）」思想の下で、「自強」をはかる手段としてはじめられた。初期のうちは軍事力充実に重きがおかれたが、政治、経済、教育、外交等の広範な要素を含む運動でもあった。太平天国運動の鎮圧に成功した後、清朝の財政難等の影響からしだいに「求富」へと範囲がひろげられ、中国はじめての民用の鉱工業、通信業、鉄道、機械織布業等の分野へも拡大されていった。そして1885年には、李鴻章が実権を握る海軍衙門が設立された。しかし中仏戦争、そして甲午中日戦争（日清戦争）の敗北により、この洋務運動自体が失敗と判断され、そして終わりを告げた。この運動、またはそれを指導した人たちは、中国工業化のさきがけであったといわれているが、また中国を半封建・半植民地国家へと引きずり込んだ第一歩でもあったともいわれ、視点により見解・評価に分岐があるところである。

　「計画経済」の時代に社会主義を追い求めてきた結果が「貧困の社会主義」であったという現実が、「文化大革命」を経てだれもが共通にもつ認識となった時点から、「ゆたかな社会主義」へと局面を打開することが課題となった。非常に大きな、ダイナミックな転換である。そこで、中国はこの課題をどのような方法で解決していこうとしているのだろうかとかんがえていたときに、中国歴代の指導者たちが常に「史をもって鑑となす」政治をしていたという、これまで耳にしながら忘れかけていた視角があることにわたしは気づいた。洋務運動についてこれまで多くの研究がなされてきて、もはや語り尽くされたかのようであるが、現在の中国指導者たちが、もしも洋務運動を鑑としたとしたら、との角度から、経済思想的要素も加えてあらためてみなおそうとかんがえるようになった。本書の副題として「歴史の鑑に映す」を加えた理由はここにある。

序　章　歴史のかがみ鑑に映した経済改革　11

　しかし研究する側として、現在の経済政策と150年近く前の洋務運動を対比させることには大きな障害が存在している。中国の経済学を研究対象とするわれわれにとって、中国語の文献は、現代中国語、とりわけ解放後の書籍にたよって研究している。したがって、歴史としての清朝末期のさまざまな事柄は、これまでほとんど日本語に翻訳されたものにたよってきた。この本を書くにあたって、清朝末期の文献を直接読むことは避けてとおれず、こころもとない部分も多い。

　このことは、中国国内の研究者にも同じことがいえるようである。すなわち、中国にも「前後割裂（前後分断）」問題があるという。中国での歴史区分はアヘン戦争を「分水嶺」としており、アヘン戦争以前を「古代」とし、アヘン戦争以後を「近代」としている。「長期にわたる"研究の前後分断"は、後段の"近代史"学者は、前段の"古代史"を理解せず、そして、"前段"の"古代史"の学者は、"後段"の"近代史"を理解しない。"前段"、"後段"いずれも中国の歴史の実際にたつことは難しい、全体から、全面的な研究と中国特有な国情および発展の道を把握するべきである。」「アヘン戦争から甲午中日戦争前後の数十年間には、中国は依然として基本的には固有の道を前進していた。」[1] したがって、中国も「前後分断」であるならば、われわれもまた、「前段」と「後段」を敢えてつなげて考察することも、こころみとしてわるくはないとかんがえるのである。

［注］
　＊　すべて引用した場合長文になることを避け、要約して表記した場合には最後に「より」と付記する。
　1）郝乗健・李志軍著『19世紀晩期　中国民間知識分子的思想』中国人民大学出版社 2005年刊　序　より。

第一章　経済改革を概観する

第一節　安徽省鳳陽県、再び皇帝を輩出する

　太祖洪武帝、朱元璋が明を創建して以来610年を経て、かれの生まれ故郷安徽省鳳陽県（当時は濠州といった）から、1978年12月に再び皇帝が出現したと匹敵することが起こったといわれている。それは、犂園人民公社の最基層組織である小崗生産隊で、出稼ぎのため留守にしていた2戸をのぞく18戸の代表全員が秘密裏に協議し、耕す土地をそれぞれの家庭に配分し、労働力の使用もそれぞれの家庭に任せようという生産責任制度、いわゆる各戸請負制（中国語では包産到戸いう。これより各戸請負制という）を採用することに合意したことであり、その指導者が洪武帝朱元璋に擬せられたのであった。

　このことがなぜ王朝成立に匹敵するほど大きなことなのかは、いくつかの前提を知らなければ理解できないであろう。

1．朱元璋もまた、この農村の貧困にあえぐ農民であった

　中国には、ある姓をもつ王朝の系統がいつまでも続くわけではなく、その王朝の天命がつきたなら他の姓をもつ王朝と交替するとかんがえる「易姓革命」思想があり、そして歴史上さまざまな姓の王朝が交替してきた。したがって王朝創建者も多数にのぼるが、そのなかでも明の太祖は漢の高祖劉邦とならんでわずか2人しかいない、貧しい農村の農民出身者であることでも有名である。

かれが貧しい農民から皇帝になり、そして中国を動かしたという歴史事実と同じように、同じ鳳陽県の農民が決定し、実行した包産到戸の各戸請負制が、現代の中国では王朝を創建したことに匹敵するほどに大きい、つまり全国を巻き込むほどの影響をあたえたということである。

ここの農民たちが決死の覚悟でくだした各戸請負制採用の決定は、直前まで10年間続いた文化大革命の間に形成された思想的呪縛によって、再び厳しい批判にあうのではとのおそれから抜けだせぬまま、全国の農民、幹部のだれもが採用を躊躇していた時に、まさに「コロンブスの卵」のように、次に続く人たちのさきがけとなったのである。そこでの決定は、短期間のうちに安徽省全体に広がり、さらに省を越えて全国へ、そして人民公社の解体をもたらし、郷鎮企業の発展へとつながり、農業の改革から工業の改革へ、農村の改革から都市の改革へと、中国社会全体の改革にまで波及していったのである。

太祖の育った当時にも安徽省鳳陽県（濠州鐘離村）は貧困にあえいでいた。朱元璋が17歳のとき飢饉と疫病により父母と兄たちをうしない、出家して食を求めて流浪し、その後に紅巾軍に参加することになった経歴からも、かれの村、家庭が貧しかったことは明らかにみてとれる。「統計によれば、安徽省鳳陽県では、1959年～1960年の間に全部で60245人が餓死し、それは農村人口の17.7％を占め、飢饉のために他郷に逃れた者が11196人、それは農村人口の3.3％を占め、さらにかなり多くの人たちが飢饉により病気となった。全員が死亡した家庭が全県で8404戸、総戸数の3.4％を占め、死亡や、逃避によって無人となった村は27個村にのぼった。」[1]という状態であった。また文化大革命収束直後でも、この地は貧困地域であったことに変わりはなかった。

まさに貧困にあえぎ、飢饉にせまられていたこの地域から、明の建国も、経済改革のための新たな局面打開も開始されたのである。

2．各戸請負制の採用は、皇帝を生みだしたと同じほど画期的なことである

各戸請負制は、その当時初めて採用されたものではなく、農業協同化がはじ

まったばかりの1956年の時期、そして「大躍進」により農業生産力が大きく破壊された直後の1959年から1961年にかけての時期に採用されたことがあり、1978年12月のこの時期の採用は、したがって3番目のものである。文化大革命収束後多くの地方でも、農民たちが機会あるごとに採用を試みたと想像できるが、いずれも踏みとどまらざるをえなかったとかんがえられる。そのような経過をたどった原因は、「生産手段の社会主義的所有制（公有制または国有制）」、「社会主義集団労働」、「労働の統一的使用」、「集団的利益を個人的利益に優先させる」、「個人的利益を追求することは、資本主義のシッポである」等、政治運動のなかで使われてきたさまざまなことばをキーワードとすれば理解しやすいであろう。

中国は建国後、半植民地・半封建社会から社会主義社会、社会主義経済建設をめざすにあたり、1953年6月中共中央政治局拡大会議で提起された「過渡期の総路線」にもとづいて、社会主義工業化と農業、手工業および資本主義的商工業にたいする社会主義改造を実現させることから始めた。このなかで農業は、土地改革によって広範な農民が自らの土地を手にした段階を出発点とし、互助組、初級生産協同組合、高級生産協同組合、そして人民公社へとたてつづけに社会主義へと組織化されて、生産手段所有制は社会主義的性質のより高度なものへ、規模はより大きなものへとめざしていった。

その過程で農業はなん回か困難に遭遇し、そしてそこから回復することがくりかえされた。過去に各戸請負制が採用された時期は、集団化、人民公社化へと社会主義の段階がさらに上っても、農業の生産、農民の生活水準向上が順調にいかなかったばかりか、反対に生活がしだいに困難となり、他に選択すべき方法に窮したときである。そしてひとたびこの各戸請負制が採用されるや、短期間のうちに困難が克服され、生活は一息いれることができるようになる。しかしまもなくそのやり方が政治的批判にさらされることで、農民自身の意に反して各戸請負制をやめる、すると生産も生活もまたも困難に陥る、ということの繰り返しであった。

1959年から1961年の段階で、鄧小平は各戸請負制を認めるよう主張した

が[2]、それを毛沢東が痛烈に批判した事情がある。毛沢東が鄧小平を批判したということで、この制度は文化大革命期間にも厳しく批判された。その後鄧小平の主張する方向が困難克服に有効であるとの経験・事実が採用へと誘っても、いざ各戸請負制を採用するとなると、毛沢東が批判をしたという過去の事実がいつも採用を抑制する役割をはたしていた。

　各戸請負制は、土地という生産手段を各戸に配分し、労働も各家庭に配分して使用法をまかせ、生産物の一部分を成果に応じて各家庭に配分するということである。しかし、それではもはや社会主義的性質をもつ制度ではなく、資本主義が復活しているとの見解にたつ指導者たちからすれば、この制度を採用することはとても容認できないことであった。「政治優先」時代にすすめられた「反右派闘争」、「文化大革命」等の政治運動の各時期においては、各戸請負制を主張した人たちにたいし、反社会主義的として激しい批判が繰り返された。その結果、とりわけ10年にわたって展開された文化大革命の後には、再びこの制度採用を提起することは、だれもが躊躇せざるをえないものとなっていた。

　一方1964年には、「農業は大寨に学べ」のスローガンで、全国に大寨型の農村を建設することが社会主義農業の決定版として、中国共産党中央から提起された。それは、自力更正、刻苦奮闘精神による、愛国、愛集団の共産主義的風格をもつ山西省昔陽県の大寨人民公社、大寨生産大隊を手本とした社会主義農業を、中国全体に打ち建てようというものであった。大寨を手本とすべく、全国から多くの人たちが見学に殺到した時期が長く続いた。

　しかしそれは大きな欠点をもっていた。「大寨が"左"のものであったことをもっとも集中的に表しているものは、いわゆる3つの経験、すなわち"修正主義を大いに批判し、資本主義を大いに批判し、社会主義を大いにおこなう"ことにおいてである。」[3] ということばが代表するように、社会主義農業をささえる方式として実際には不適切なものであり、大寨を手本として、大寨式の農業によって社会主義農業をつくりあげようとする運動方針は中止の方向へ向かったが、それでも毛沢東の死後、さらに華国鋒時代まで推進された。

一方、各種生産責任制度の採用条件もまたいくらか緩和され、生産条件の非常に劣悪な貧困地区、等では各戸請負制は例外的に認められたが、全国的規模で土地と労働の使用を各戸に請負わせるという、社会主義と資本主義とを分けるものとかんがえられてきた「最後の一線」を越えるところまではいっていなかった。安徽省鳳陽県小崗生産隊で各戸請負制が採用され、成果をあげはじめる1980年になっても、中国共産党中央、省レベルの多くではまだ「おそる、おそる」という時期がつづいていた。
　1980年5月に鄧小平（とうしょうへい）の「安徽省肥県の絶対的多数の生産隊で各戸請負制が行われたが、それによって大幅な増産がみられた。"鳳陽の花鼓（安徽省の地方劇のこと）"の中で歌われたあの鳳陽県の絶対的多数の生産隊が大包干（この場合は各戸請負制のこととみてよい……引用者注）を行い、やはり1年で抑圧から解放され、面目を変えた。同志の中には、このようにしてしまったら集団経済に影響をあたえやしないだろうかと心配する人がいる。わたしはその心配はいらないとかんがえる。」4) との談話が発表された。その影響下で、「各省市区第一書記座談会」において『農業生産責任制をより一歩強化し、完全なものとするについてのいくつかの問題』が採択されたことから、各戸請負制は全国へ急速に広がっていった。それから、1980年11月23日に中国共産党中央から出された『中国共産党山西省委員会の農業は大寨に学ぶ運動における経験・教訓についての報告』のなかで、「"文化大革命"のなかで、大寨生産大隊は農業戦線における先進的なものの典型から、"左"傾路線を執行した典型へと変わってしまった。」との結論がだされたことによって、「農業は大寨に学ぶ」運動は終わりをつげ、かくして各戸請負制が拡大されていくための土壌ができあがった。
　しかしここで特に注意しておかなければならないことは、各戸請負制が承認されたことは、社会主義としての「最後の一線」を越えて資本主義へと足を踏み入れたことではなく、生産量を生産隊等の集団で請け負い、それを各戸それぞれにさらに配分して請け負うことに変わったとしても、土地所有制面ではなんらの変化もなく、やはり社会主義であるということであり、各戸で自らの労働（家族の労働）を使用することもまた、社会主義的性質を変えるものではな

いというかんがえである。

　各戸請負制が全国で採用されていく状況は、1980年年初には生産隊総数の1.1％にすぎなかったものが年末には14.9％に上昇した。そして1981年下半期以後、後れた貧困の地区だけでなく、豊かなところでも実行されはじめ、明らかな効果があったことから、1982年6月には農家の家庭による請負を実行した生産隊は全国で86.7％を占め、1983年初には93％を占めるにいたった。5)

3．各戸請負制を採用することは、よくよくのことであったからである

　この制度を採用することでなん回か生産、生活の回復に成功した経験をもっているのであれば、再び生活がたちゆかなくなった場合には、また採用したいとかんがえるのはきわめて自然である。しかし、それが肉体的迫害までともなう非常に苛酷な批判が繰り返された文化大革命が収束した時には、だれもが敢えて再び実行しようなどとはかんがえられない状況となっていた。

　文化大革命がおわったときには、農業は崩壊の危機的状況に瀕していた。立ち直らせようとさまざまな試みがなされたがどれも十分ではなく、中国共産党第十一期三中全会（1978年末）のころには、農民の生活はまさに破綻の淵に追い込まれていた。中国共産党の多くの党員たちは、依然として文化大革命時に形成された思想的呪縛から抜け出すことができずにおり、耕す土地を各戸に配分すること、家族でそれを耕すこと等が、最後まで「資本主義」ではないかとの迷いがあったが、農民が決死の覚悟でその「最後の一線」をまず越え、同時に「実事求是」をスローガンとする思想的呪縛克服の試みが進展したことではじめて、さまざまな法令がつくられる形でその決定が追認されていった。

　決定の追認過程で、安徽省には万里（後の国務院副総理）の、四川省には趙紫陽（後の国務院総理）の指導が大きい役割をはたしたといわれる。「米を食べたければ、万里を探せ」、「食糧がほしければ趙紫陽を探せ」ということばがのこっているという。全国の農村改革のなかで、万里が省党書記をしていた安徽省と、それからわずかおくれて趙紫陽が省党書記をしていた四川省が全国

のお手本となり、各戸請負制普及を推進する役割をはたした。そして、そこから20数年にわたる、比較的順調な経済改革の時期がはじまり、そして継続している。

これら3つの理由を付加することによって、皇帝を生みだしたと同じことといわれた事情が少し理解できるようになった。また、この制度が採用され、承認されたときの農民の「安堵感」、「喜び」が伝わってくるようである。

第二節　人民公社解体以後

　中国社会主義農業の象徴といわれた「政社合一（せいしゃごういつ）」の性格をもつ人民公社は、1958年熱狂的な雰囲気のなかで全国一斉に成立したが、それからわずか26年ほどでやはり急速に解体されていった。その解体の経過を引用によってたどってみよう。

　「1982年9月に中国共産党第十二回大会で包干到戸（包産到戸とは内容が一部ことなるが、この場合包産到戸、つまり同じ各戸請負制とかんがえてよいであろう……訳注）を主要な形態とする農業生産責任制度を十分に肯定し、長期にわたって堅持していくとともに、より完全なものにしていかなければならないと強調された。1983年1月中国共産党中央が発した文書『当面する農村経済政策若干の問題について』では、農家またはグループを請負単位とする生産と報酬を結びつけた責任制度をより一歩肯定し、分散経営と統一経営とが結合したこの経営様式は、広範な適応性をもっているとかんがえる。この経営様式のもとでは、各戸で請け負う経営は、集団経済の1つの経営レベルであり、それと過去にあった単独経済とは本質的な違いが存在している。この通知は、家庭が請け負う責任制を全面的に推し進めるよう要求した。」[6]

　そして、「1983年のはじめには、全国農村で包産到戸、包干到戸を実行していた生産隊は93％であり、そのうちの絶対多数は包干到戸であった。」[7]

「1983年10月、中国共産党中央および国務院発『政・社を分けて郷政府を設立させるについての通知』では、基層政治権力として郷（鎮）政府を設立するよう規定した。1984年末には、全国各地で政治と農業生産協同組合（合作社）の分離が基本的に完成し、9.1万の郷（鎮）政府、92.6万の農村委員会が打ち建てられた。これより、農村人民公社制度は、わが国に存在しなくなった。」[8]

ここから、1978年12月各戸請負制が秘密裏に実施されるや、追認の動きとともにただちに全国にひろがり、わずか6年にしてほとんどすべての人民公社が解体されてしまうという、急速、かつ劇的な変化を生みだした震源地として、各戸請負制を最初に決定したことのもつ意義の大きさがここに確認できるのである。

1. 各戸請負制採用後の農民、農業、農村の変化

各戸請負制が定着するとともに、さまざまな政策措置がとられ、農民、農業、農村をとりまく環境は急速に、大きくかわっていった。

困難に遭遇していた農業生産、農民の生活は、経済改革開始直後に農業生産物の国家買入価格が引き上げられ、農業税に対する軽減措置等が講じられたことによって、まずは当面の困難は克服された。そしてさらに、農民の活躍するいくつかの舞台が準備された。家庭が支配している労働力が、それまで禁止されていた個人利益追求という目的のために、自留地、副業、自由市場、多種経営に向けてつぎ込むことができるようになったことが、これからはじまる経済改革、そしてさらに対外開放政策へとつづくドミノゲームの最初のコマといえる。

計画経済の時期、とくに文化大革命の時期には、個人の利益を追求することは社会主義の性質ではなく、資本主義を生みだすものであるとかんがえられていた。社会主義農民が自己の利益を追求することは、封建社会から資本主義社会が生まれてくる過程で、商品生産、商品交換を通じて（すなわち、個人の利益を追求することで）資本を蓄積した農民の一部が資本家となっていった西欧

の歴史とおなじように、自然発生的に資本家、ひいては資本主義を生みだす可能性をもっている。したがって、社会主義において個人利益の追求を意図することは、資本主義復活をめざすことであるとのかんがえから、個人利益の追求は、「資本主義のシッポ」として大きな抵抗感をもたれていた。自留地、副業、自由市場、多種経営のいずれも、それまで資本主義を育む温床とかんがえられていたことから、禁止されたり、廃止されたりしていた。

　集団労働がおこなわれていた人民公社制度下での過剰労働力は、潜在的性質をもつものであった。労働力は集団で組織され、したがって集団のために配分されるのでなければ使うことは許されず、また集団のための商業、工業に配分されることはあっても、主要な部分は農業に限られており、そうでない場合、たとえば個人の利益追求のためということであるならば、使われずに浪費されてきた。集団の利益充足を前提に、個人の利益追求が許された各戸請負制度の下では、それまで潜在的であった過剰労働力を、各家庭で農業に従事する必要のない人がでたり、または労働時間が余ったりという形で顕在化させた。それを有効に使えば、直接家計をゆたかにすることができる。集団農業にとって過剰であった労働力は、自留地が回復され、家庭による副業生産、多種経営が許可され、さらに自由市場が開放されたことから、単純な図式で表現すれば、個人的利益をもとめて市場を目指した商品の生産・流通に向けられることになり、商業へでも、工業へでも移動してもよく、また農民が農村に止まらず都会へととびだしていく可能性すらもたらした。しかもそのような場合には、農民の労働力は浪費されるのではなく、各家庭でその労働力を有効に使用する機会をもたらし、農民各家庭の収入・利益はもちろん、ひいては社会全体の利益、富の生産に役に立つことになった。

2．自留地の回復と家庭による副業生産が許可されたこと

　自留地とは、「わが国（中国）で農業が協同化された後に、集団経済組織が社員（人民公社社員、つまり農民のこと……訳注）に配分し、長期にわたって使用させた土地のことである。社員各戸の自留地の広さは、各戸の人数とその土地

の所有状況によって決まるが、各人の自留地は、最高であってもそこが所有している土地の平均の5％を越えることができず、自留地経営は社員の家庭副業である。自留地の所有権は依然として社員が所属する集団経済組織に属し、自留地での生産物は社員の所有となる。社員に配分される自留地は、農業生産にしか使用できず、建物、墓地、鉱産物採掘等の非農業生産に使用することはできない。」[9] というものであり、長期にわたり廃止されていたが、この時期に回復された。

各家庭に配分された自留地の絶対的面積は狭いが、家庭生活に必要な作物を自給するためだけではなく、商品として販売し、利益をあげることのできる経済作物等の耕作にあてることができるようになったことに主たる意義があった。利益を追求するというのであれば、市場でより高い価格で売ることのできる希少性のあるもの、特殊な技術を必要とする作物が、自由市場（経済改革開始後の呼び名であり、また農業貿易市場ともいわれ、歴史的には集市貿易ともいわれる）をめざして生産されることになり、家庭副業において重要な働きをした。筆者は80年代のはじめに北京やその他の大都市で開設された自由市場で、それまでの国営市場では目にすることのできなかった伝統的な穀物、珍しい食べ物、そして、国営市場で売られているものと同じ種類のものではあるが、価格が少し高く、品質のすぐれた野菜、クダモノ等がでまわっていることで、自留地が回復されたことと大きな関係があると実感したものである。

3. 自由市場（農業貿易市場、または集市貿易）が開放されたこと

自由市場は集市貿易の流れのなかにあるものであり、2，3千年の歴史、伝統をもつという。封建社会から、半封建・半植民地社会にいたる長い期間のなかで、商品生産、商品交換が発展するにつれ、農民、手工業者を中心として3日に1回、5日に1回というぐあいに定期的に開催されるようになっていった。そこであつかわれた商品は、食糧、茶葉、くだもの、家畜、薬材、そして綿布、陶磁器、農機具、竹・木製品、等であったという。解放（1949年）後、生産手段の社会主義改造が終わると、流通過程では全人民所有制商業と集団所

有制商業が市場の主体となったが、集市貿易は社会主義経済にとっても不可欠な補助的役割を担うものとなった。そこには、国家計画を完成させた後に手元に残った穀物、農作物等を売買するため、国営商業では扱わない一部の商品、自留地、家庭副業や多種経営によってできた生産物の販売等をうけもつことになった。

政治優先の時期に禁止されていた集市貿易は、国家の指導と管理の下で自由市場として再開され、そこでの価格は売り手、買い手双方の協議により決められ、自由意志にもとづいて取引が成立するようになっている。そこでの価格は当然市場の需給関係から大きな影響をうけ、さらに国家の計画市場にまで影響を及ぼす機能ももつにいたった。

「1979年3月、国務院は都市における農業貿易市場を"原則的には開放する"ことを決定したが、"範囲は狭いほうがよく、広くてはならない、管理は厳しいほうがよく、ゆるやかではいけない"とし、さらに市場は都市の中心に設けてはならないとした。1980年5月の後、政府は市区内の適切な地点に農業貿易市場を打ち建て、そして都市全体の商業網のなかにくりいれ、永久的な室内市場または半永久的な屋根付市場をしだいに打ち建てていかなければならないとした。1984年の中国共産党中央第一号文献では、次のように指摘している。"大都市は農業貿易市場を継続的に運営していくと同時に、農業副生産物卸売市場を計画的に打ち建てなければならず、なお条件をもつ地方では、市場情報、先物取引を組織する交易センターを打ち建てなければならない。このことは都市建設の計画にくりいれなければならないことはもちろんである。"ここにいたって、政府の農業生産物市場の開放政策が完全なものとなるのである。」[10] かくして農民は、農村内だけでなく都市の自由市場をめざした生産、販売をおこなう可能性をもったといえる。

都市の自由市場（農業貿易市場）も農民に開放されたのであれば、販売員ははじめ臨時的であったとしても、遠隔地であるだけにしだいに特定の人たちに固定化されていくことになる。たとえば、ある地方特産の農産物があるとすれば、各戸の農民が販売するためにそれぞれで市場にいくよりも、代表を派遣するか、販売を委託した人を常駐させればより効率的となるため、当然常駐する

農民出身の単独経済、または集団経済の人たちが都市に集まることになった。

「(農業貿易市場を) 都市全体の商業網のなかにくりいれる」ということは、都市にそれまでもあった国営商業、国営市場と連携させることを意味していたのであろう。たとえば、国営市場では品質が劣るが安い作物、ナシやリンゴ等を売っており、自由市場では同じくナシやリンゴを売っているにしても、品質はすぐれ、価格がいくらか高いのが通常であった。このことは、国営市場の存在は、自由市場での価格が無制限に上昇していく抑制になり、一方国営市場にとってよりすぐれた品質のものを売り、よりすぐれたサービスを提供するための圧力になったであろう。また都市に流入し、単独経済等に従事する人たちには、商人にかぎられるだけではなく、飲食業の人たちも当然含まれていた。自由市場が設けられている付近や、少し広い歩道や広場には、イスをならべたくらいの簡易な屋台食堂などがたくさん作られ、衛生上の問題もあったのであろうか、後には多くのものは撤去されたが、成功した少数の人たちは店をもつようになった。

4. 農村において多種経営が可能となったこと

「1978年、わが国(中国)農業の総生産額のうち、栽培業が76.7％を占め、林、牧、副、漁業の生産額は合計でわずか23.3％を占めるにすぎなかった。栽培業生産のなかでは、穀物作物の播種面積が80.3％までを占め、経済作物はわずか9.6％、その他の作物は10.1％であった。これは長期にわたって"食糧をカナメとする"を一面的に強調してきた結果であった。」[11] この後、穀物作物の面積は相対的に減少したにもかかわらず、単位面積あたりの収量が増加することで総生産量が増加すると同時に、経済作物、たとえば綿花や搾油作物、その他砂糖原料、茶葉、くだもの、タバコ、ジュート、等の播種面積が増加した。

多種経営は、農業、家庭副業にかぎられてはおらず、家庭経営の形態として工業、そして商業、飲食業をはじめとするサービス業にも可能性がひろがっていった。

第三節　郷鎮企業の発展

　1984年年末には全国農村99％の生産隊と農家の96.6％で各戸請負制度が実施されることになって、「政社合一」の性格をもつ人民公社から、政治組織としての性質をもたない集団経済となった。
　農業改革により集団労働から切り離された過剰労働力は、各家庭の意思にもとづいてなんらかの働き口に吸収されてはじめて浪費されることがなくなる。それらの吸収先は、いくつかの類型にわけられる。①自留地の耕作、経済作物の耕作に転換して農業から離れない場合。②郷鎮企業に従事し、農業をはなれて工業に従事するが、農村から離れない場合。③農業を離れるが、商業、サービス業に従事して、農村にとどまる場合。④省内の比較的近い地方の中・小都市にある自由市場で商業、サービス業等をいとなむために移動する場合。⑤省の範囲を越えて全国有数の大都市へ、工業、商業、サービス業に従事するために移動する場合。⑥農村を離れるにしても、農業との関連で季節的に帰郷する場合と、農業、農村という「根」をたちきって都市へ移住してしまう場合がある。
　そのなかでも郷鎮企業は、農家、農民にとって利益追求の場であるだけでなく、国家にとって工業化推進の場という側面をもち、さらに農業から離れた膨大な数にのぼる労働力にたいする、もっとも大きな、もっとも有効な、もっとも重要な吸収の場でもあった。
　「わが国（中国）の農村労働力はすでに2億人近くが非農業産業へ転入したが、まだ依然として1億余人の余剰労働力が存在するだけでなく、毎年さらに1千万人もの新たに増加する労働力があり、したがって労働力を移転することはなみの困難さではない。」[12]そのなかで、郷鎮企業がはたした役割について、次のような数字があげられている。「1996年、郷鎮企業の工業総生産額は全国の工業総生産額の27.8％を占め、郷鎮企業人員は、全国の非農業人員の40.5％を占め、農業における余剰労働力の50％以上を吸収した。」[13]これらはおお

よその数字にすぎないし、また文献によって違いもあるが、ここからは余剰労働力吸収面で郷鎮企業がはたした大きな役割をみて取ることができる。

　人民公社が解体された後、それまで人民公社、生産大隊、生産隊という集団経済に属していた社隊工業は、郷鎮企業に引き継がれた。かつて社隊企業であったものに、農民たちが連合して組織する集団所有制のもの、農民が単独で所有・運営するものが加わって（数はこちらの方が圧倒的に多い）全体で郷鎮企業といわれるものとなった。
　このような事情のため、郷鎮企業の概念を短いことばではっきりとつかむことはむずかしいが、次のようにいえるであろう。
　ア　所有制面からいえば、社会主義的性格をもつ集団所有制、資本主義的性格をもつ株式制企業、さらに資本主義以前にも存在した単独経済等の、多種類の経済構成要素が共存している。
　イ　経営形態からいえば、経営請負責任制、危険抵当請負制、リース制、株式制、連合経営、企業集団、共同経営、合資経営等多様である。
　ウ　経営メカニズムの性質は、敏捷性と機動性をもっている。農民自身によってつくりあげられた企業が全体の90％を占め、従業員数が数人規模のものが大部分であることからくるのであろう。
　エ　郷鎮企業の規模がかなりちいさいことも付帯的にあげられる。
　オ　技術水準がかなり低い。これは、農民が蓄積した資金を原資とするものが多いこと、創業してからまだ間もないことからかんがえても当然である。
　カ　経営・管理者の学歴はかなり低く、管理方法もおくれたものである。このことは農村の一般的教育水準から首肯できることである。
　キ　郷鎮企業の発展は、その地区の性格を広範にもっている。[14]
　これらの要素をもつ企業は、どれもが郷鎮企業という概念に属するといわれる。
　郷鎮企業は、非常に短期間で大きな発展をとげた。この発展の速さの一端を、筆者は1980年代のはじめに北京市で目撃した。82年には、かなり大きな

広場に1メートルほどの幅、高さ70センチくらいのコンクリートつくりの売台が何列もつくられ、それら全体を体育館のように大きな屋根が覆っている自由市場が各地に設けられた。はじめのころは、ヤサイ、クダモノ、タバコの葉、淡水魚、ニワトリ、アヒル等の農水産物、木や竹などの材料を手作業でつくった伝統的な日用生活品が主であったが、このようなものが売られていた時期は短く、まもなくそれまであまり出回っていなかった箱入りのアメ等のお菓子類や機械でつくられたプラスチック製の日用雑貨に変わっていき、中山服（いわゆる人民服）しかなかった男女の衣料品も、バラエティーに富んだ色彩、流行のデザインのものを売る屋台が急速に増加し、綿入れのオーバーのかわりにスポーティーなダウンコート、皮ジャンパー等が急速に普及していった。服地は綿のものが少なくなり、化学繊維のものやウール等の高級品が増加していった。これら新たに市場にでてきた商品の多くは、郷鎮企業の製品であった。

　農産物の野菜、クダモノ等は近郊産が主であったが、タバコの葉は80年代はじめからすでに名産地雲南省産のものが多く、日用生活品は、デザインを考慮するというよりは、作り易さ、機能本位の素朴な手作りのもの、たとえば細い竹を軸につかったボールペン、木でつくられた物差等から、デザインを考慮した製品、プラスチックの材質のものが目につくようになった。アメ等のお菓子は、はかり売りをする手づくりのものから、機械でつくられ、一定量があらかじめ箱に入れられたものに変わっていった。そのなかの衣料品は、布から縫製品にいたるまでほとんどが広東省をはじめとする南方の郷鎮企業の製品であるといわれていた。

　郷鎮企業が対象とする市場は、はじめはそれが所在する地方を主とした狭い範囲のものであったであろうが、まもなくその地方の中・小都市から全国各地の都市、大都市へと広がっていった。生産に使われる原材料についても、当地のものだけからはじまり、しだいに全国から買い付けられるようになっていった。この傾向は国内にとどまることなく、さらに国境を越えて世界を目ざしての発展がつづいていくことになる。市場の需給関係としっかりと結びついている郷鎮企業は、他方では市場の要求に対応するために自分たちを常に変化、発展させていくことになった。それはもちろん激烈な経済競争を伴うものであっ

た。そして、各地にその地方の特徴をもった郷鎮企業モデルがしだいに形成されていった。

蛇足ではあるが、これまで社会主義国といわれていた国々は、軽工業の発達が相対的におくれていたため、その主たる製品を売る消費品市場は、ソ連、中国をはじめ生産力不足による売り手市場が形成されていた。生活用品を売る市場には商品が少なく、買うための行列ができるのが常であった。郷鎮企業の発展によって、中国ではこのような局面が急速に改まり、基本的には買い手市場が形成された。これは社会主義国でははじめてということができる。

1．郷鎮企業の類型

その典型的なモデルといわれる類型とそれらの特徴には、次のようなものがある。

① 蘇南モデル

「蘇南モデルは、発達した地区における郷鎮企業の典型的モデルであり、その範囲は蘇州、無錫、常州の3市およびそこが管轄する12の県（市）、そして436個の鎮である。このモデルは、かなり早くから発展し、かなり発展が速やかであった地区の一つであった。」として、所有制形態では、集団形態が主体で、「五つの輪がいっしょに回る」、つまり、郷経営、村経営、生産隊経営、連合した家庭経営、単独家庭経営という、5種類の所有制形態の企業が一斉に、それぞれ得意とするところを発揮しているが、集団経済のものが主な部分であり、総量の面でも、成長速度の面でもいずれも、家庭経営のものをはるかにこえ、はるかに安定している。

農業との関係では、互いに依存することもあり、反対に手をさしのべることもあり、相互に促進しあって、協調して発展している。

都市と農村の関係では、地方小都市をよりどころとし、大・中都市の生産、科学研究機構とも密接に協力しあい、都市と農村が一体化していく体制をつくりあげた。この地方は、中国のなかでも都市と鎮がもっとも密集している地区であり、この位置関係から強力な影響を受けている。都市が過度にふくれあが

り、農村へと拡散していかなければならなかった一方で、郷鎮企業は都市工業からの支持が必要であり、同時にここの農村は教育水準が高く、商品経済も歴史的にかなり発達していて競争力をもっていたため、両者はまもなくはからずも意見が一致し、都市の人材、技術および市場に依拠し、一歩一歩成長していった。

　産業構造面では、工業を主としている。原料については、はじめその土地の材料をその土地で加工していたが、しだいに原料を中心とするモデルから脱皮して、市場を中心とする近代工業の発展モデルへと変わりはじめた。

　分配様式では、集団所有制における労働に応じた分配を主としている。

　このモデルは、それまで先進的であった地域の郷鎮企業モデルといえる。

② 温州モデル

　「温州モデルの実体は、浙江省東南部温州行政割区の2区9県である。温州はかつて農村の生産力発展が緩慢であって、集団経済の地位が確固たるものになることができずにいたため、反対に家庭経営が一定程度発展しており、そして実質的には"三級所有（人民公社の経済管理体制）"の集団経済組織のかわりを果たしていた。」つまり、農村の行政管理機能と農民が封建的社会から得意としてきた手工業と商業が合わされた、都市からの経済的影響力がきわめて弱いことから形成されたモデルであり、ある意味では、蘇南モデルと対照的な性質をもつものという。

　所有制形態は、家庭経営を主としている。農村改革後農家家庭は、非常に早い時期から農業の範囲を超えて、第二次、第三次産業に進出し、そして歴史的に続いてきた伝統の商工業を踏襲して、大衆による家庭商工業経営を生みだした。ここの家庭経営が、はじめから商品経済と相性がよかったのは、「生産物分業、生産工程分業、経営分業および生産の性質が社会化された協業と一致していた」からであり、つまり、家庭経営であるがゆえに、生産のうえで互いに結びつきやすい性質をもっていたということであろう。

　ここの郷鎮企業は、市場方向に向いており、完全に市場メカニズムによって調節されている。これがこのモデルの特徴である。

企業が小規模都市、鎮にしだいに集中するようになっている。それは企業が一定程度発展してからは、必然的に、社会化されたサービスの度合いの高いところへと工場を建設しようとする傾向になるからである。

発展趨勢としては、しだいに株式制度または株式合作制に転換しているという。

つまり、それまで十分に発展できていなかった地域における郷鎮企業モデルということができる。

③ 珠江(しゅこう)モデル

国務院が正式に認可した珠江三角州経済解放区における郷鎮企業発展モデルである。

「この地区の自然条件と経済条件は非常に優れたものであり、もとから"社隊企業"の基礎がかなり強く、広州、珠海、深圳(しんせん)、等の大・中都市の影響を吸収する能力が高く、また、農業生産が非常に発達しており、大量の余剰労働力を移転することができるだけでなく、郷鎮企業発展のために堅実な経済的基礎を提供することもでき、さらに、交通が便利であり、地理的位置が香港、マカオに近く、内外の華人・華僑の出身地であり、そして香港・マカオの同胞も多く、したがって外資を導入し、外に向けて発展する型の郷鎮企業が成立する前提条件をもっている。」

つまり、対外的に発展するための条件をもっとももっているモデルといえる。

これらのほかにも、⑪耿車(こうしゃ)モデル、⑫民権(みんけん)モデル、⑬宝鶏(ほうけい)モデルといわれているものがあるが、その詳しい内容はここでは省くことにする。15)

2．農民労働者の都市への流入

解放直後から30年間続いた計画経済時代の中国では、勤労人事部（行政機関）の認可をえた農民が都市で経済計画のなかに組み込まれる形で、国営企業で働くことはあるにはあったが、そのような労働者の戸籍は依然として農村戸

籍のままであり、都市の正式な労働者がもつ福祉待遇を受けることはできず、毎月契約にもとづいた賃金は受け取れるが、契約期間がくれば農村に帰らなければならない制度であり、その人たちは「民工（農民労働者）」といわれていた。それ以外にも都市で、臨時的に、流動的に仕事につく農民もいたが、それは非合法であったことから、「盲流」といわれていた。

「改革・開放後、都市への"盲流"が次第に増加していったが、それが生まれた原因は主として2つから構成されており、その1つは農村が押し出す力であり、もう1つは都市が引き寄せる力であった。」[16)] という。「いわゆる農村から押し出す力とは、主として農村改革によって"サボリ労働者"の形態で大量に存在していた余剰労働力を目に見えるものにし、さらに人民公社の解体もまた農民に自分の労働能力への支配権をあたえた。この前提の下で、農村の雇用圧力とおくれた文化、低い所得等が総合的に作用して押し出す力を形成し、かなりの部分の農民、とりわけ教育水準がかなり高い農民青年が、都市の労働市場をめがけて押し出されていった。都市が引き寄せる力のうち主要なものとは、都市が農民労働者にたいして巨大な需要をもっていたことであり、そこには都市での仕事の収入と生活条件がもつ吸引力と農民青年がもつ都市文明へのあこがれであった。都市にも雇用せよとの圧力・要求が大きく、さらに3％前後の"待業青年（国家からの就労場所配分を待つ青年、つまり若年失業者と考えてよい……訳注）"がずっと存在しているにもかかわらず、体制にたいしてもっている観念（国家にたいするアマエのようなもの……訳注）が原因となって、農民にとって仕事をするかなり大きな空間が依然として残されていた。都市の待業者が、もっとましな仕事を政府が配分してくれることをあてにして働くことを望まないような、大量の、骨の折れる、危険な、きたない仕事を、農民は争って働くのである、したがって都会へいって"契約労働者"となることは、都市と農村との格差が巨大であるとの条件下では、農民にとって理想の職業選択なのである。」[17)]

そして、「改革・開放後には、政府は都市での労働者雇用面での計画管理をゆるめ、農民が流動して都市に就職することを厳格に制限しなくなり、都市へ計画的に、組織的に入っていく"農民労働者"と、自然発生的に都市へと流入

する"盲流"との境界はなくなり、"盲流"という言い方はいつしかだれもつかわなくなった。」[18]

「90年代以降には、農民労働者たちが押し寄せる浪は高くなったりまた低くなったりしたが、都市で労働者となった農民の人数は、数種類のことなった方法で推計されたものからすれば、5000万人から8000万人の間であり、その中で省を越えて流動した人数は2000万人を越えた。数千万人の農民労働者が、ある都市から他の都市へと一年中流れていき、その都市の人たちが働きたくない、骨の折れる、汚い、危険な、そして臨時的性格をもつ仕事を探し求め、祝祭日（春節など）の期間や農繁期には農村に帰り家族との団らんで数日または数十日すごし、ふたたび仕事をもとめて都市へと流動する、このような状況が一歩一歩"正常な"社会経済現象となっていった。」[19]

このような形で都市へ農民が流入したことから生まれた「副作用」には3つあるという。

1つは、治安の悪化であり、2つは、交通運輸部門への衝撃であり、3つは、雇用への衝撃であるという。[20]

1つ目と2つ目についての言及はないが、治安の悪化のようすはよく耳にすることであり、鉄道、飛行機等の交通機関のキップが手に入りにくく、乗り物は慢性的に混雑している場合が多いことから実感できることである。そして3つ目の、雇用への衝撃については、「1996年わが国都市部での失業率は3％で、失業者数は580万人前後、同時に900万人の国有企業で下崗された労働者（国有企業のリストラ対象者で、中国に独特な失業形態である……訳注）がいる。このような状況をもたらした原因は非常に多いが、農民労働者との競争がそのなかの一番重要な要素であるといわざるをえない。」[21] という叙述があり、ここから農村からの労働者と都市での「失業者」のあいだに棲み分けはしだいになくなり、かなりきびしい競合関係が生まれてきたことが想像できる。

ここでお気づきであろうが、農民が、農業から非農業への転換、農村から都市への移動等をする自由をもたないことである。それは戸籍問題が複雑に介在していることからくるといわれる。解放直後の1951年7月にはじめて制定さ

れ、しだいに現在の形となったといわれている。「1958年に公布された狭義の戸口（戸籍のこと）制度である『中華人民共和国戸口登記条例』の核心となっているものは、農村人口が都市に流入することを制限する規定とそのための一連の具体的措置であった。広義の戸籍制度は、それにさらに定量の商品糧秣、食用油の供給制度、労働雇用制度、医療保険制度等の補助的な措置、そして教育を受ける、転業定着、結婚して子女を戸籍に入れる等の面、さらに多くの派生した規定がなされた。」[22] ここから、農民には、食糧の確保、職業選択の自由、移動の自由、教育を受ける権利、社会保障の享受、等の面で規制があることがわかるであろう。

　都市戸籍をもつ人たちがさまざまな権利をもち、一方で農民がそれらをもたないのであれば、都市戸籍をもつ人は農民戸籍をもつ人にたいして優位なことになる。そこから考えれば、農民ということは身分であり、必ずしも農業を職業とする人のことではないことにもなる。都市で働いていても、農民としての戸籍はかわらず、都市への定住権はなく、長期にわたって滞在していたとしても都市住民が受けている社会保障もなければ、食糧の確保も自分でしなければならない。現実にどのくらい厳密に実施されているのかわたしにはわからないが、ゆるめられているにしても、この制度は厳然として存在している。この制度が存在しているにしても、多くの農民が「流動」することでもたらされる結果は、イギリスの「囲い込み運動」と同様、法律があるか否かにかかわらず、歴史的必然の現象であるのかもしれない。

第四節　国有企業改革

　国有企業改革は（かつての「国営企業」は、経済改革が開始されてから「国有企業」という名称に変わった。以後この事情、主旨に沿って用語を使う）、計画経済時代から国営企業に蓄積されてきた問題を解決するためにおこなわれたものである。そのなかの主要な問題とは、国家経済の根幹である国営企業の

経済効率が低くなっていたことであり、したがってその引き上げを国有企業改革の目標とし、それにより社会全体の経済効率を引き上げることであった。国有企業改革は、農村改革からの影響もあったものの、決してそれが主たる原因ではない。農民が社会主義経済の範囲内で市場経済に飛び込んでいったこと、それに国有企業もまた社会主義市場経済に飛び込んでいかなければならなかったことは、計画経済時代にすすめられた社会主義建設の必然的帰結であった。

また国有企業改革は、国有企業そのものの改革と同時に、国有企業の比重を相対的に軽くすること、それをとりまく外部環境の整備、つまり社会主義市場経済を創設すること等をともにすすめるものであった。ひとつの固定された形態から、環境が変化するなかで他の形態へ移行させる改革であることから、多くの繊細な、複雑な措置を、時期をはずさず段階的におこなっていかなければならないものであった。したがって複雑な過程を経過していくものであるが、われわれはできるだけ単純化させてみていかなければ理解できない。

一　計画経済時代の国営企業

国有企業改革をみるまえに、計画経済時代の国営企業がどのような性質をもったものであったかからみなければならないであろう。

計画経済時代の社会主義経済体制は、「伝統的な集中的計画経済モデル」といわれる、ソ連の社会主義経済モデルを手本として打ち建てられたものであり、ソ連モデルがもっていた欠点の多くもそのまま引き継いでいた。その特徴は、不完全な市場体制のもとで、国営企業は国家から縦割りに管理されて、それぞれがその国家上級主管部門の一部分でしかなく（「政企合一」、すなわち政府と企業が一つになっていること）、なにをどれだけ生産するかは政府によって決定され、資金、原材料そして労働力は政府から配分され、そこで生産された生産物は政府によって買い取られ、利潤がでた場合にはすべて政府に上納され、損失がでた場合にはすべて政府によって補填される「統収統支（国家の財政収支は、中央で統一的に管理される。国営企業の収支もまたこの方式のなかの一つであった。）」の制度がとられていた。したがって、企業（工場）には

経営自主権はなく、もちろん独立採算制度は実施されていなかったし、工場従業員の人事も、工場長のみならず、従業員についても工場内では決定することはできず、すべて上級の権限に属していた。なおここでは、企業にとっても、従業員にとっても、競争というものとは無縁であった。

　これらの原因のため、たとえ地理的には隣に位置している工場であっても、他の主管部門に所属しているかぎり情報ははいらず、互いの仕事について詳しいことは知らなかったといわれるほどである。それぞれの企業（工場）は、国家の指令にもとづいた生産活動をすれば、その生産物が上級の指令・指標でしめされた要求を満たしているかぎり、たとえ実用に耐えないものであっても、それで責任を全うしたことになっていた。企業（工場）が利益をあげた場合でも、企業（工場）にはその利益を留保して企業発展や従業員の賃金引き上げ、福利厚生増進のために使う権利はなく、また逆に赤字の場合でも、国家によって補填され、もちろん従業員の待遇には変化はなかった。このことは、自分の属する企業（工場）であっても、それを発展させること、よりよい将来像を描くこと等について、工場長をはじめとする全従業員にとって関心を抱く必要のないことであることを意味している。つまり、全ての権限は上級にあり、企業の権利も責任も、上級からの指令に従うことという狭い範囲に限られていた。

　当時の国営企業像を別の角度からみるならば、次のようなものとなるであろう。

　国営企業とは、政府機構のなんらかの物資供給部門に付属するものである。上級主管部門と呼ばれるものは、国家から委託された物資を生産・供給する部門であり、これがはじめて資本主義社会において企業がはたしている機能におおよそ匹敵するであろう。但し、金融市場、労働力市場、生産手段市場、消費財市場等が、存在しないか、十分に機能していない経済体制下では、資金、労働力、生産手段等、その他市場で調達すべきものがすべて行政的に解決され、生産物の流通・分配もまた行政的性格をもっていた。われわれが国営企業（工場）といっているものは、物資供給を担う上級主管部門を構成するもののうち、直接的な「生産」機能だけをはたす部分にすぎず、資本主義でいうところ

の「企業」でも「工場」でもなく、いわば「ある企業の生産現場」部分にしかすぎない、とかんがえれば理解しやすいであろう。そうすれば、そこが企業としての自主権をもたないことも、人事権をもたないことも、独立採算制度が採用されていないことも、利益を留保できないことも、赤字が補填されることも、全国統一の賃金形態をもつことも、奇妙に感じるべきことではなく、当然のことになるであろう。

これらの特徴をもつにいたった原因は、社会主義社会になれば商品生産、商品交換は存在しなくなるという意味の、エンゲルスが『反デューリング論』で述べた「社会が生産手段を掌握するとともに、商品生産は排除され、それとともに生産者にたいする生産物の支配が排除される。」[23]ということばを根拠にしたことによる。このため、建国初期のソ連はもちろん、中国もまた建国初期には、このことばのとおり社会主義社会になれば商品生産は消滅しているものとのかんがえを踏襲していた。しかし、ソ連、中国という現実の社会主義には「商品らしきもの」が存在しつづけていた。「理論的」には存在するはずのないこの「商品らしきもの」の解釈をめぐって多くの議論がなされた。

スターリンは『ソ連邦における社会主義の経済的諸問題』（1952年）のなかで、はじめてソ連経済における「商品」の存在を公式にみとめた。

かれは次のように解釈した。

現実の社会主義社会（ソ連邦）に商品が存在するのは、都市にある国家所有制経済と農村にある集団所有制経済という2つの所有制形態がまだ存在しているからである。この両者間の生産物交換、国家と個人間で交換される消費財だけが商品であり、国営企業間の生産物交換は、売り手も買い手もいずれも国家であり、交換により所有者が変わらないことから、商品交換ではないというものであった。誤りは、国営企業間で交換される生産物としての生産手段を商品ではないとしたことから、工業生産の大きな部分を担っている国営企業間でおこなわれる交換はもちろん、生産においても、価値概念に拘束されることもなければ、利潤にとらわれることもなく、そして客観的経済法則に依拠する、すなわち市場を通じる必要もなく、自分たちの主観的意思にもとづいた計画による運営が可能であると思いこんでしまったことにある。

そのような考え方によって建設された社会主義国営企業は、次のような特色をもっていた。

（1）国営企業をとりまく外部環境は、金融市場、労働力市場、生産手段市場、消費財市場、等がないか、または不完全な状況にあった。

つまり、不完全な市場環境にあったということである。

（2）国営企業（工場）の生産・経営面において、企業には自主権がない。企業は上級主管部門の一部であり、企業にとっての責任とは、上級主管部門の要求を充足させることであり、人事権もなければ、自主資金により企業の発展方向を決めることも、新たな投資により事業を拡大することも、従業員の福利厚生を充実させることも、企業の機能のなかには入っていなかった。

つまり、「政企合一」と「統収統支」の特色をもっていた。

（3）工場長がもっとも腐心することは、品質がすぐれ、価格が安い商品をつくって、社会の需要を満たし、利益を上げて、自分たちの発展をはかることではなく、上級と従業員の要求（生産効率を積極的に発展させようというものではなく、往々にして消極的な結果をもたらすものである）を充足させることであった。

つまり、効率を引き上げ、すぐれた品質のものをつくるメカニズム、また新しい技術を創造する動機も希薄であった。また市場とは無関係であるため、工場長だけでなく、その工場で生産に従事している人にとって、その生産物のコストを引き下げることも、品質を向上させることも、関心をいだく対象ではなかった。

（4）従業員の賃金は、労働成果、工場の立地、設備の質等、工場のもつ具体的特徴の差異とは直接関わりをもたない全国統一の平均主義的賃金制度が実施されており、個々の労働者の労働成果は所得の寡多へと反映されず、結局は労働意欲低下をもたらす悪い影響が生まれていた。

つまり、「平均主義的分配制度」の弊害をもっていた。

（5）生産効率を低くしている原因として、さらに資金の分散投入、過剰な従業員数もあげることができる。

一つの国営企業（工場）には、その工場が生産に従事している直接部門だけ

でなく、間接部門、たとえば工場内に商店、食堂、病院、宿泊施設、自動車輸送部門、等が併設されており、人員もまたそれぞれに配置されていた。このことは、工場が間接的部門の施設建設のため、そして人員雇用のために資金をさいていることを意味する。国営企業内にはさらに、政府が負担すべき行政サービスの一部分も担われていた。

　また従来生産効率をあまり配慮する必要がなかったことから、直接部門ですら往々にして人員過剰になっていた。失業者をださなかった反面、潜在的に、経常的に過剰人員をかかえていたことになる。

　さらに、退職労働者の老後の生活を、住居、生活費を含めてすべて国営企業が面倒をみることになっていた。

　つまり国営企業には間接部門も多く、資金が分散投資され、そして過剰労働力も普遍的に存在していた。

　このような特徴をもつ国営企業を、それまでの「政企合一」、「統収統支」の性質をもつものから、もう一方の極、競争原理のはたらく社会主義市場経済のなかで、独立した近代企業へと変えていくことが、国有企業改革の方向である。この改革はまた、社会全体が大きく変化するなかでおこなわれなければならなかった。つまり、外部環境としては、経済体制全体を不完全な市場体制から社会主義市場経済へと整備していくとともに、経済構成要素のなかで全人民所有制経済（国営企業）が独占的地位を占めていた状態から、多種類の経済構成要素の存在、参入を認め、それらと併存しながら発展していくなかで（もちろんそれは、競争のなかでおこなわれる）、工業生産をはじめとする経済活動の主導的部分を担う国有企業の経済効率を引き上げていこうとするものである。

　それぞれの改革段階でさまざまな措置がとられた。企業があげた利潤の一部を企業に留保して、それまでいっさいできなかった自らが所属する企業の発展に自らが参画できるようにし、工場長を上級からの任命によるやり方から、さまざまな経営責任請負制のなかから適切な様式を採用して工場長を選び、企業

を独立した経営体へともっていき、従業員にたいする賃金制度を平均主義的分配様式から、労働成果と賃金額を結びつけたものに改革して生産への積極性をもたす動機づけとし、日用消費品のみならず、金融、労働力、生産手段等もまた商品とするさまざまな市場を整備し、競争原理を導入していこうというものであった。

以下において国有企業改革の過程を簡単に追っていきたい。

二　国有企業改革の段階と内容

『中国国有企業改革20年』によれば、1978年から1997年までが、5つの段階に分けられている。

第一段階は、1978年から1984年までで、基本的考え方は企業権限の拡大であり、企業自主権拡大と工業経済における経済請負責任制を実行することであった。

第二段階は、1984年から1986年末までで、企業の権限を拡大させる改革をいっそう深化させていくことであり、基本的かんがえ方は、国家と企業の分配関係を整備し、利を税に改める措置（企業活動で実現された利益から規定の比率による額を税の形態で控除し、それを越えた部分を企業に留保させる制度）をこうじることであった。

第三段階は、1987年から1990年末までで、企業改革が政治と企業それぞれの職責についての区分けをおこなった。この段階の基本的かんがえ方は、企業自主権拡大と、利益を税に変えることを通じて国家と企業の関係を調整し、政治と企業の職責を適切に分離し、所有権と経営権を適切に分離させることであった。採用された具体的な措置は、経営請負責任制を推進することであり、小型企業にたいしてリース経営が実行された。

第四段階は、1991年から1993年までで、企業改革を市場に向けていくための全面的な探求がおこなわれた。基本的かんがえ方は、企業が市場に顔を向け、企業メカニズムを転換させ、国有企業を独立した法人につくりあげることである。採用された主要な措置は、国有の大・中型企業を重点としてさまざま

な改革を積極的に推進し、各種企業でおこなわれた改革テストケースの結果を深化させ、完全なものとすることであった。

第五段階は、1993年末からで、新たな発展段階であるという。この段階における企業改革の基本的任務は、企業制度を創造し、各層での矛盾を解決し、「財産権をはっきりとさせ、権利と責任を明確にし、政府と企業を切り離し、科学を管理する」近代的企業制度を一歩また一歩と打ち建てていき、国有企業を真に自主経営をする、損益に責任を負う、自ら発展する、自らを律する法人の実体、市場競争する実体としていくことである。[24]

企業自主権の拡大、政府と企業の分離、企業経営責任請負制等の内容がそれぞれ交錯しているため、時間の流れが並行している場合や、重複しているところもあるが、1 企業自主権の拡大、2 「利改税」について 3 企業経営責任請負制について、4 「産権」をはっきりとさせることについて、5 近代的企業創設について 具体的にとられた措置等を簡単にみてみよう。

1. 企業自主権の拡大

企業自主権の拡大は、どのような措置によってすすめられたのであろうか。
1984年5月に国務院より発布された『国営工業企業自主権をより一歩拡大させる暫定的規定について』によれば、以下の10個の方面であった。
（1）企業は、国家計画と国家への財貨供給契約を確保することを前提として、国家建設と市場が必要とする生産物を自ら増産することができる。計画を執行する過程で、需給関係に重大な変化がおこった場合には、企業は主管部門にたいして計画調整を提起する権利を有する。
（2）企業が国家計画外でつくる生産物、国家計画分を越えた生産物、試作の新製品、国家の購入・販売部門が買い入れない生産物、在庫の生産物のいずれも、企業は自分で販売することができる。このほか、国家が統一的に配分している原材料にたいしても、その原料を扱っている企業の自主販売権をゆるめた。

（3）工業生産手段のうち企業自らの販売に属するもの、そして国家計画を完成させた後の部分について、企業はプラス・マイナス20％の幅で自ら価格を決めることができる。生活用品と農業生産手段に属するものは、国家価格を実施しなければならないが、企業は計画外で自家販売する部分の生産物を製造することも、他の企業と協力して作ることもできる。

（4）国家が統一的に配分する物資を注文するにあたり、企業はその供給先選択の権利を有する。

（5）企業は留保した資金を、主管部門が規定した比率にもとづき、それぞれ生産発展基金、新生産物試作基金、予備基金、労働者・職員福祉基金および奨励基金をつくり、さらに自ら支配的に使用する権利を有する。企業がただちに使用しない生産発展基金は、志願、互恵を原則として、合営、連合経営、交易補償等の形態で企業外に投資することができる。

（6）企業は、余分な、使っていない固定資産を貸し出すか、有償で転売する権利を有する。貸し出し、譲与で得た収益は、企業の技術改造および設備更新につかわなければならない。

（7）企業は定員の範囲内で、生産するものの特徴と、実際的な必要性にもとづいて、自ら機構をつくり人員を配置する権利を有し、企業に関連している機関は、機構設置、人員配置を硬直的比率によって規定してはならない。

（8）工場長（社長）は、工場内各級の行政幹部の任免権を有し、労働者・職員への報奨と免職処分を含む賞罰権を有する。他の単位、他の地区から技術者、管理者を招聘する権利を有し、自ら報酬を決める権利を有する。企業は労働者を公に招請し、すぐれた者を採用する権利を有する。

（9）企業は、国家が統一的に規定した賃金基準、地区別賃金類型および全国統一でなければならないいくつかの手当制度を執行するとの前提の下で、自己の特徴にもとづいて、自ら賃金形態を選ぶことができる。企業は引き出した奨励基金を自主的に分配する権利を有する。

（10）所有制形態が不変であり、隷属関係を改変しない、財政体制を改変しないとの状況下で、企業は部門を越え、地区を越えて連合経営に参与または組織する権利を有し、そしてすぐれたものを選び、生産することも、生産するも

のを拡大することもできる権利を有する。[25]

　これら新たに付与、拡大された権利によって、国有企業は自主権をもった企業活動にはいっていった。しかし、ここであげられている新たにあたえられた権利のうちいくつかは、われわれが具体的に理解できない部分もあるし、また、これらの権利があたえられたとはいっても、実際には辞義通りの機能をはたしていないことを、われわれは今後いくらかのところでみることになる。

2．「利改税（利益を税に変える）」について

　「以税代利（税をもって利に変える）」の呼び方でも知られている企業に資金を留保させる政策は、二歩にわたっておこなわれた。
　第一歩は、1983年4月～1984年9月におこなわれた。これは国家と企業の間の利益分配関係の改革である。企業が実現した利潤にたいして、それまではすべて国家に上納していたのであるが、それを国家はまずそれがあげた利潤にたいして一定の比率で所得税と地方税を徴収する。そして、税引き後の利潤にたいしてさらに多種形態の方法を採用して国家と企業の間で分配するものである。その目的は、国家と企業の間の分配関係をはっきりとしたものにして、国家、企業そして労働者・職員の三者の利益関係を正しく処理し、企業と労働者・職員の生産・経営にたいする積極性をもたせ、国家財政収入の安定増加を保証することである。
　第二歩は、1984年9月～1986年にかけておこなわれた。第一歩の措置を前提として、企業がかつて上納していたすべての利潤を税の形態に変えるというもので、国家と企業の関係をより改革することであり、その主旨は、税の費目、税率で、国家と企業との分配関係の規範を確定し、その前提のうえに国家と企業との責任、権利、利益の関係をならべかえ、企業の活力をしだいに増強させることである。[26]
　なお、企業に留保された資金の使途は、企業の潜在能力を増進させるもの、労働者・職員の福祉基金、医療費の補助、生活困難の解決等の集団の福祉基金

に、そして奨励基金にと指定されていた。[27]

3. 企業経営請負責任制について

「以税代利」の措置が実施され、企業が留保資金処理にたいする一定の権限を手にいれてから、国有企業改革では、政府と企業を分離させる手段の1つとして、工場長人事について「企業経営請負責任制（企業承包経営責任制）」が採用された。この制度は、公有制を主体とすることを前提とし、所有権と経営権を分離させるとの原則にもとづいて、経営請負契約の形態で、国家と企業との責任と権利の関係をさだめ、経営においても、経済的利益、損失にたいしても企業が責任を負う経済管理制度である。[28]

この制度は、1979年から1986年まで、まず首都鉄鋼等の企業（工場）でテストケースとして実施され、国有の大・中型企業間で顕著な効果があったといわれている。そして、1987年3月、国務院全国人民代表大会第六期第五回会議の『政府工作報告』のなかで、所有権と経営権を分離させる原則にもとづいて、多種形態の経営請負責任制が実行された。

請負制の種類には、工場長任期目標請負制、工場長変動目標責任請負制、「両保一挂」経営責任制（つまり、保障すべき一つ目は、税・利益を上納すること、保障すべき二つ目は、技術を改革する任務を保障すること、一つの連結することとは、賃金総額と上納する税と連結すること）、賃金総額と経済効率指標とを連結する請負制、上納利潤基数請負または上納利潤逓増請負、単位生産物（または生産額）あたりの賃金額労務請負、投入産出労務請負、等がある。

これらのものはいずれも、企業規模、業種、その他、企業ごとの差異・条件にもとづいて採用され、それぞれの企業ごとにさまざまな種類のものが採用され、具体的な状況、詳細はかなり複雑で、そのなかにいない外国人であるわれわれにとっては理解が難しい部分である。

しかし、共通の特色として、以下のものがあるという。

「（1）どの形態の請負制度にも、確定された上納利潤の基数と、逓増させていくべき比率がはいっていること。国家に税・利潤を上納する任務は、企業に

とって必ずはたすべきことであり、もしはたせないのであるならば、企業が自らの資金で補填して国家の利益を保証させようということである。(2)企業が上納任務をはたした後、それを越えた利潤の一部またはすべてを企業に留保することで企業の利益を明確にし、企業が生産増加に応じた利益を受け取るようにし、企業に積極性をもたせるようになっている。(3)これらの経営形態は、実際には国家が国有資産を、代価をとって企業に経営、使用をさせ、国有資産の価値を企業に保全・増殖させ、国家がこれら財産の最終的所有権を保持することである。そして企業は、国家の法律と契約内容の範囲内で、自主的に生産・経営活動に従事することができ、他の人たちや機構から口出しされることはない。(4)国家と企業の間の権利、責任関係は、いずれも契約関係を通じて、請負契約で明確に規定し、法律の保護を受けることで、各種機関の企業への行政的関与を防止することである。」[29]

そのようにして実施された経営請負責任制度によってあげられた成果を、『中国国有企業産権問題研究』では、次のように概括している。

「(1)企業の経済効率が低下していく局面を転換し、国家財政収入の増加を保証した。」

「(2)企業の経営自主権がさらに着実なものとなり、企業内部の改革が深化し、経済責任制が打ち建てられ、企業の効率が引き上げられた。」

「(3)企業留保がしだいに増加したことで、企業には、自ら蓄積し、自ら改造していく能力がうまれた。」

「(4)請負評価の指標体系がたえず改善され、厳格に請負契約が実現されて、企業の行為にたいする制約が強化された。」[30]

請負制度があげたさまざまな成果について、これもまたこのような辞義通りにすべてがうまくいっているわけではなく、問題点もうまれていることはもちろんである。やはり後にふれることになるであろう。

4.「産権（財産権）」をはっきりとさせることについて

中国において産権問題は1980年代初期に注意されはじめた。産権とは、一

般的には「所有権」にあたることばであり、現在の中国を条件にいれた場合「財産権」と訳すべきかもしれない。

計画経済時代には生産手段の所有権が国家へ単一的に帰していたことから、国営企業のあげた利潤はすべて国家のものであると明確であったため、あまり論じられることはなかった。しかし国有企業改革によって所有権と使用権・経営権が分離され、それまで利潤は国家だけに帰していたが、所有権、使用権・経営権にもとづいてそれぞれへ利潤配分をするにあたり、どのようにすべきかを明確にしなければならなくなった。このことについて現在でも議論が分かれているところであり、また所有権ということばをつかっては、資本主義における所有権、すなわち私有権と混同することになり、したがって社会主義国有企業を扱うこのような場合には、「産権（財産権）」ということばをそのままつかいたい。

この事情は、以下の引用により明らかになるであろう。

「中国それまでの計画経済体制下では、全人民所有制企業にたいする生産計画は、国家により統一的に下達され、生産物は国家により統一的に配分され、賃金は国家により統一的に規定され、利潤は国家により統一的に国家へ上納される体制であった。所有権の機能がすべて国家だけに集中されていたこのような全人民所有制モデルは、生産が社会化されていけば所有権の機能が分離されていく傾向になることと適合しないし、また社会主義公有制を基礎とする商品経済がもつ要求とも符合せず、その結果広範な労働者・職員がもちあわせている積極的性格と自主的性格を挫折させてしまい、企業から活力を奪った。国営企業管理体制に存在していたこのような欠点は、中国共産党第十二期第三回中央委員会総会で採択された『経済体制改革についての決定』で、全人民所有制企業は所有権と経営権の適切な分離を実行し、国家所有、企業経営のモデルを実行することを通じて、企業を自主経営、自ら利益・損失に責任を負う商品生産者にして経営者としなければならない、と明確に指摘した。まさに、所有権と経営権が適切に分離されることで、生産関係と分配関係を調整する必要がうまれ、全人民所有制の新たな組織形態、たとえばそれらは、企業請負、リース、狭い範囲での採算制をとる、等々である。このような形態は、一方では、

国家を法律上および経済上の所有権をもつ主体として、もう一方では、企業を使用権を支配する経営主体とすれば、全人民を代表する国家の所有権と経済的利益を維持・擁護できるだけでなく、国家権力の過度な拡大を避けることもでき、企業に生産手段の支配的使用権と局部的利益を付与することもできれば、企業の集団占有と集団的利益独占を形成することもない。したがってこの２つの権利を分離したモデルは、伝統的な全人民所有制モデルに比べて大きな進歩である。」[31]

　産権（財産権）問題は、現在多くの経済学者によって議論されているところである。われわれは議論の内容に深くたちいる時間はないが、このことが論じられていることは、国有企業改革の過程で所有権、使用権・経営権、労働成果にたいするそれぞれの対価をめぐって利益分配関係に問題が生じていることの反映であるとかんがえることができる。つまり、国家の取り分、企業の取り分、経営陣の取り分、労働者の取り分を決める客観的根拠がないことから問題がうまれていると想像することができる。

5．近代企業の成立について

　1994年の全国人民代表大会第八期第四回全体会議の「政治報告」で、それまで企業であらかじめ実施されてきたテストの経験を通じて、国有企業改革の最終モデルの枠組み15個が提示されている。具体的状況が理解しがたいため、その意味しているところがはっきりととらえられないものもあるが、ここに主なるところを引用する。

　「企業法人制度をより完全なものとしていく。」「テスト企業には、国有資産の投資が主体となることを確定する。」「企業の会社組織形態を確定する。」「科学的にして、規範化された会社内部の組織管理制度。」「企業の労務、人事、賃金制度を改革する。」「企業の財務、会計制度を健全なものとする。」「労働組合の仕事と、労働者・職員の民主的管理を完全なものとする。」「企業の資産・負債構造を調節する。」「社会保険制度建設を加速する。」等の、われわれにとって近代企業が当然有するとおもわれる要素の提示とともに、「共産党基層組織は、

企業において政治の核心的役割を発揮する。」「企業が運営している社会負担を軽減する。」「試行企業の冗員問題を解決する。」「国有資産所有権取引管理の規範と強化。」等は、中国の国有企業改革特有の問題を論じているといえる。[32]

いずれにせよ、近代企業の成立がめざされ、新たな体制が形成されている。

三　国有企業改革における問題点

　ある政策実現のためにとられる措置が、すべて所期の期待どおりの成果・結果をもたらすわけではないことはもちろんである。国有企業改革は、大きな成果をあげたといわれると同時に、多くの問題を抱えているともいわれている。

　以下引用によって、それぞれの問題点の所在とその原因を考えてみよう。またこれらの問題点は、個別的、例外的なものを論じているわけではなく、普遍的とはいえないまでも、そのようなことが広く存在しているとかんがえるべきである。

　一方では成果をあげているといいながら、他方では改革初期に提起され、すでに実現されたはずの措置までもが十分徹底されていないとの指摘がある。また、国有企業改革の最重要にして最終目標である国有企業の経済効率引き上げが、全体としての利益総額は増加しているものの、損失総額が長期にわたって利益総額の増加比率を上回る勢いの増加傾向を続けているという。このような状況では、一般的視点からいえば、十分に成果をあげているとはいいがたい。そして、その原因がいくつかあげられているが、それらだけではどうしても説得力がない。真の原因はそのほかさらに別にあり、それは「人際関係」、「人治主義」、ひいては「官僚主義」にあるようにかんじてならない。

　中国文献では直接的な表現方法がとられておらず、ある部分はわれわれ外国人としては憶測をくわえるしかないことから、とんでもない方向違いの理解をしているかもしれないが、あえて踏み込んでみたい。

　『中国経済転軌二十年』（1999年）では、国有企業が当面している問題として、以下の3つをあげている。

「第一、国有企業は、量的に大きく、面として広く、戦線が伸びすぎており、配置と構造が深刻なほどに不合理で、国有経済機能と無関係か、関係の小さな業種の占める比重が大きすぎることである。」

「第二、絶対的多数の国有企業は、社会主義市場経済体制に対応した近代企業制度をとっていない。」

「1994年から中国は、大・中型国有企業の改革目標は"産権（財産権）をはっきりとさせ、権利と責任を明確にし、政府と企業を分け、科学的に管理される"近代的企業制度を打ち建てることであると明確にし、さまざまな改革措置を採用して目標を勝ち取ろうとしてきたが、それはまだ実現されていない。」

そして、それが実現されていない原因として、「1つ目は、産権改革が停滞した後、一面で企業の法人財産権を着実なものとすることは難しく、政府の関係部門はまだ企業内部の生産経営活動に関与しており、もう一面で、関与されている企業の経営活動は、市場経済の要求にもとづいて完全に市場競争へ参加することが難しいことである。最終的な結果は、関与したものであれ、企業で生産経営管理をしたものであれ、いずれも国有企業内部の経済効率の向上、および国有資産の価値保全・増殖のための責任をはたすことができなかったが、それは責任を具体的な自然人に負わせようがなかったからである。2つ目は、政企合一の局面を根本的に改めることができなかったことである。中国は国有企業を改革するなかで政府と企業を切り離す必要性を認識し、さらに多種多様の方式を採用して政府と企業の切り離しをはかったが、産権改革が滞った後、その他の要素に制約され、国有企業が政府と企業とに分かれていないこと、または依然として責任と権利が明確でない現象が存在しており、政府と企業をきっぱりと切り離すところまでにははるかに及んでいない。政府と企業が切り離されていなければ、企業に完全な経営自主権をもたすことはできず、また真の活力と競争力をもたすことはできない。3つ目は、権利と責任が明確な国有資産の管理体制を打ち建てることが難しいことである。国有資産の管理が当面している一連の問題は、たとえばだれが国有資本出資人を代表しているかの問題であり、経営管理者をいかにして監督、激励するかを解決する問題、いかにして企業の独立性を保障しながら、また内部の人がいかにして所有者の権益に

損害をあたえることを防止するかの問題、等々である。中国の国有企業改革のなかで上述の問題が解決されなければ、政府と企業の分離もまた空論となってしまうのである。」[33]

　当面している問題についてここであげられている3つの原因いずれも、「産権(財産権)」問題を解決することは非常に難しく、まるで不可能であるといっているかのようである。

　1つ目の原因は、政府（具体的には官僚）がまだ企業にたいして影響力をおよぼしており、そのため企業が責任をはたせていないことである。その原因としてここでは責任を「自然人」に負わせようがないとのことばがでてくることは、国有企業の権益を代表する権限をもつポストにある官僚は自然人ではなく、そして、企業は法人であることから、企業経営を請負っている経営陣だけが自然人（単数、ないし少数）である。官僚が責任を負えないとは、国有資産の流失を防ぐことができないことであり、また企業経営を請負った人の、企業がだした損失にたいする経済的責任であろう。政府を代表して企業を管理するポストにある官僚は、国有資産流失と企業がだした損失にたいして自然人ではないことから責任を負うシステムとはなっていないであろうし、一方経営陣は自然人であることから、企業が出した損失にたいして責任を負わないこともあるのであろう。具体的にはかれらがなんらかの理由で、損失を自分で補填する等の契約上の責任をとらない例が多くあったものとかんがえられる。責任をとらなかった自然人は、破産でもしたのであろうか、それとも犯罪者とされたのであろうか。そうでなければ、その社会はこのような契約そのものがはじめから成立しない社会のはずである。しかし、責任を負わない例は、かなり普通に存在しているようである。

　2つ目の原因は、政府と企業の分離が、「産権（財産権）」問題が停滞したことで十分になされていないということは、権利と責任にともなう権益配分が依然としてはっきりとできないということであろう。

　3つ目の原因は、所有者、つまり国有資産の権益をだれが代表しているのか、企業内部の者が国有資産に損害を与えるのをいかに防ぐのか、実際に防ぐのは難しいことが指摘されている。このことから、国有企業の権益を企業内か

ら侵すものがあり、それにたいする手だてが十分ではないことを意味している。国有資産が企業によりというよりも、企業に関わる自然人、つまり経営陣によって損害を与えられることがあることを示している。つまり、経営陣が国有資産権益を侵犯することにたいし、政府も企業内からも防止ができないということであろう。

「第三、市場競争が日ごとに激しくなるにつれて、国有企業に存在している多くの困難と問題によって、しだいに効率がたえまなく下降していった。」

その原因として、「第一は、国有企業の資産にたいする負債の率が高すぎ、債務負担が重すぎることである。国有企業資産にたいする負債の比率は、1980年の18.1％から、1994年の79％まで上昇した。1997年の15000個所の国有大・中型工業企業の40.5％の企業の負債率が80％を越えており、そのうちの2166個所の企業（14.6％を占める）が、すでに負債額が資産額を越えている。5万余個所の国有独立採算制小企業で利益と損失をならべると、66億元の純損失額が出現することになる。このほか、歴史的に国有企業が負担してきた重荷と社会負担の大きさである。生産設備が古く、技術が後れていること、管理もまた多くの問題を抱えており、市場での激烈な競争に当面して、国有企業の効率は急激に低下していった。改革以来国有企業の資産額は、おおよそ20％—30％低下したが、現在依然として工業総資産額の60％以上を占めているが、その工業産出額にたいする比重は1978年の77.6％から1998年までに49％も急激に下降して28.5％になった。」[34]

この説明からは資産にたいする負債率が上昇したとの事実は理解できるが、原因をよく汲み取ることはできない。ここであげられている歴史的に国有企業が負担してきた重荷と社会負担とは、生産設備の旧さ、技術力のおくれ、そして本来国家のおこなうべき社会サービス、たとえば、行政サービス、教育サービス、退職者にかかわるサービス、そして余剰人吸収、さらに社会福祉、等々の一部または全部を国家にかわって負担していることである。それでも、それらの原因だけでは、負債の急激な増加傾向を説明することはできていないであろう。

『中国国有企業産権問題研究』でも、経営請負責任制度があげた成果とともに、次のような問題点が指摘されている。

「一　請負の基数を確定するにあたり、科学的、合理的にすることは難しく、基数をしっかりとさせる真の方法はない。二　利益を請け負うが、損失は請け負わず、企業を抑制するメカニズムは不健全で、短期の行為は深刻であり、企業が発展した後には元気がなくなる。三　政府と企業の責任が対等でなく、企業は真の自主経営をすることが難しく、請負契約を厳格に実現させようがない。」[35]

これらの問題点は、その表面的にあげられた成果と、実体にはズレがあることを表している。

これら問題点の指摘をみると、やはりいずれも所有権と使用権・経営権の分離から派生する「財産権」問題の解決がなされていないことに起因するといえる。それは、財産権の「合理的」な解決を阻むものが存在していることを想像させる。「人際関係」、「人治主義」、「官僚主義」、等である。

王漢亮は、『中国国有企業産権問題研究』「導論」のなかでは、以上の2個所からの引用よりもかなりはっきりとしたことばで述べている。

「上述した数値（国有企業公益率の長期的低下のこと）は、中国国有企業に存在する致命的問題は、効率がわるく、効益がないことをしめしている。国有企業の効率低下問題は長期にわたって経済学者、法学者と各級政府の関係部門をずっと困惑させてきた。ある人は、政企不分が国有企業効率低下の主要原因と考え、またある人は、国有企業のお荷物が重すぎること、つまり設備が旧いこと、資金が不足していること、余剰人員が多すぎることが国有企業の発展を妨げたと考え、さらにまたある人は、国有企業の管理がおくれており、漏れが多すぎて、大量の資産を流失させ、国有企業の効率を低くさせたという。上述の観点のいずれも当然一定の道理があるというべきである。しかし、われわれが上場会社をサンプルとして分析したときには、意外なことには上述した問題は上場会社には非常に少ないが、上場会社の効率は決して理想的とはいかず、ますます多くの上場企業が困難になっており、若干の上場企業はすでに市場か

ら退き、1年目は好成績、二年目は普通の成績、三年目はやや悪い成績、4年目は劣悪な成績、ということが、上場企業にかなり普遍的な現象となっていることを発見した。」36)

このことは、経済効率を引き下げているといわれる「政企不分離」、「統収統支」、「国有企業のかかえている重荷」、すなわち「旧い設備」、「資金不足」、「過剰人員の存在」等の原因だけではなく、さらにもっと大きな別の原因が存在していることを示しているということである。

王漢亮はさらに、次の例をあげている。「いくつかの非常に奇怪な現象を見つけだした。いくつかの企業では、明らかに損失を出しているのに、大量の住宅を買い込み、福祉的に（価値を無視した安い価格で提供するという意味……訳注）分配するもの、高額の奨励金を支給するものがあるが、資金の来源は銀行借り入れである。また、いくつかの企業指導者は、地位にいたときにはいつも利益をだしていたが、離任後会計監査によって巨額の損失が発見された。またある企業の指導者は、58、59歳のときにはお金を浪費して、国有資産にすら手をつけ、ついには法廷の被告席に座ることになった。」そして、「それらの問題は偶然のものではない。これらの問題が発生した原因は、国有企業の経営者たちは企業への支配権をもっているが、企業に剰余を強要する権利をもっていない、そのためかれらは企業への支配権を通じて自己の効用と利益最大化を実現させるのである。企業の利潤は、このようにして少しずつ消耗されていき、企業の効率はこのように一滴、一滴と"生け贄"にされていくのである。筆者（王漢亮）は、上述の問題にたいする分析と研究を通じて、中国国有企業の効率低下の主要な原因の所在は、産権構造の不適応性が中国国有企業の基本的問題であることを発見した。」37)

ここであげられている「奇怪な現象」は、赤字企業が銀行からの借り入れで住宅を福祉的に配分し、また奨励金の発給をしているのは、経営陣が労働者への懐柔策として国有資産、または利潤を不当に侵害しているかんじがするし、経営陣が自分の利益をあげるために粉飾決算をすることもあるようであり、またときには権限をつかって企業・国有資産への違法な侵害もあることをしめしている。それに、銀行の担当者と企業の経営者との密接なつながりもうかがわ

せる。

　これら3個所からの引用では、「政企合一」、「統収統支」の段階から、さまざまな措置をこうじて「近代企業の創設」にいたるまで20数年間おこなわれてきた国有企業改革は、全般的には成功裏に達成されていると表現されているが、同時にそれらのことがらが節々のところで不徹底なところをもっていることをしめしている。しかも、国有企業改革の目標が企業経済効率の向上であるにもかかわらず、肝心なそれが長期的な低落傾向にあるのである。実際にはどのような状況にあり、なにが原因であろうか。

　その原因については、王漢亮が指摘したように、わたしもけっして政企不分や、国有企業がかかえている重荷、つまり旧い設備、資金不足、余剰人員の存在等、また国有企業の管理が遅れていて、遺漏が多く、大量の資産流失をもたらしていること、等々だけではないとかんがえる。

　わたしも、「産権」問題が解決されていないことに注目している。それはなぜであろうか。

　国有企業の資産を、所有権と使用権・経営権に分離することによって、国有資産価値の保全と増殖を保障すること、そして経営権を行使した結果実現された利益を、これらの権利にもとづいて国家と企業に分配するためのルールをつくる必要性が新たにうまれた。しかしそのルールは客観的基準をもたず、当事者間の力関係によって決められる、との性質を本来もっている。したがって当事者間の力関係は、国有資産の所有権にもとづく利益を代表するものと、国有企業の経営権行使によりあげた利益にもとづいて分配への請求権をもつ経営陣、それに労働者の3者の力関係によって構成されるであろう。

　引用から判断すると、次のような力関係が浮かびあがる。

　「産権」がはっきりとされていないことから、企業活動によって実現された利益の配分には客観的根拠をもった比率はなく、そのためいずれかに偏っている。つまり、いずれかが有利となっており、いずれかが不利となっている場合が多いということである。

　力関係の当事者の第一は、国家・政府の利益を代表する人、おそらく企業と

の契約を結ぶポストにある官僚がそれにあたるであろう。そのポストに固定されているわけではなく、また個人として、資本家のように国有資産の価値保全、増殖を自らの存在をかけて経済的責任を負うわけではない。もう一方の当事者である企業の経営陣は、経営権にもとづいて企業全体の利益を代表し、企業の存続・発展を通じて労働者の利益を確保するとともに、自らの利益（損失をまぬがれることも含めて）と直接にむすびついている「自然人」である。その場合、企業の利益は、直接的に経営陣の利益でもあり、まるで19世紀イギリスの資本家のように、法を犯すことも、死をもおそれず、万難を排して利益を確保しようとする性格をもっている。「国有企業の経営者たちは企業への支配権をもっているが、企業に剰余を強要する権利をもっていない、そのためかれらは支配権をつうじて自己の効用と利益最大化をさせるのである。」このことばの意味するところは示唆に富んでいる。「企業への支配権」をもって最大利潤を追求することとは、具体的には明らかではないが、自己の利潤獲得のためにかなり「露骨な」行動をとっていると推量できるのである。

　ここで国有企業資産の所有者である国家・政府を代表する官僚（Aとする）と、国有資産の使用権・経営権をもつ企業の経営陣（Bとする）、そして企業に所属する労働者（Cとする）との関係を、国有企業をめぐる一般的な関係としてかんがえてみよう。
　企業経営請負契約にもとづく3者の任務・責任について述べてみよう。
　Aは、国有資産の価値保全・増殖をはかり、経営管理者を監督し、激励する立場にある。
　Bは、企業の存続・発展をはかることを前提として、経営権を行使することによってあげた利潤または損失について、国家・政府と交わした契約内容にもとづいて、利益をだした場合には利益の一定比率を取得し、損失をだした場合には、自らの責任のもとでその契約で規定された分をなんらかの方法で支払う（他から補填する）ことで、その責任を全うする。
　Cは、経営陣の指揮下で、労働の提供をつうじて企業活動に参加するが、社会的水準にもとづいた賃金体系によって賃金を取得する。企業活動の結果が、

予期した成果を達成した場合には、社会水準にもとづいた賃金が支払われる上に、奨励金や福祉基金も受け取ることができる。反対に、企業活動の結果が予期した成果をあげることができなければ、社会水準にもとづいた賃金も受け取ることができないだけでなく、当然破産の事態も存在し、現実として破産・下崗の現象も多く起こっている。

このように、それぞれがそれぞれに義務と責任をはたしていればなんらの問題も発生することはないはずである。しかしわれわれが一般的なものとかんがえることとはことなる状況もうまれている。

Aは、実際にはその責任を十分にはたすことができないでいるという。Aは、国有企業資産の所有権を代表する者であり、国有資産の価値の維持・増殖について企業経営陣と請負契約を交わす人であり、それは主管部門の該当するポストにある官僚である。この官僚にとって、その権限はそのポストに付随するものであり、けっして固定された人が継続して任にあたるわけではなく、また自然人ではなく、多くの場合はそのポストを他の人と交替する。Aは、国有企業に価格保全、増殖させることは当然の任務であるが、もしも自分が契約した企業が損失をだし、経営陣がその損失を補填しない場合でも、その責任として企業経営陣の肩代わりをするよう要求されるわけではないし、また国有資産流失についても、あまり十分な防止機能をはたしていないように想像できる。そして、なぜか損失を補填しない経営陣への責任を厳格に追及していない。

Bは、国家・政府との契約にもとづいて、経営権を手に入れ、それを行使して所定の成果をあげれば、自己（経営陣、または個人）の利益に直接的にむすびつく。この人（または人たち）は、利益をあげれば、契約にもとづいて当然利益のうちのある割合のものを受け取るが、しかし損失をだした場合には、時として責任をはたさないことがあるといわれる。Bとなれる人は、契約で企業経営を請け負った個人または少数の人たちであり、その契約にもとづいた責任をはたすことのできる人であり、またはたすべき人であり、しかも自然人である。

Cは、国有企業で働く労働者であり、国家・政府とは国有企業に労働を提供し、それに対応した賃金、奨励金、福祉基金等を受け取る以外は、直接的には

関係をもっていない。しかし、企業経営陣とは、利害をともにする面と、対立する面とをもっている。賃金は労働に応じたものとなっているとはいえ、社会的な水準の範囲にあり、企業があげた利潤が大きくなった場合には、利潤に対応してただちに連動して賃金を引き上げられるのではなく、奨励金、または福祉基金として一部が支給されるにすぎない。しかし企業成績が悪く、社会水準の賃金を企業が確保できなくなれば、つまり、企業の存続が危うい場合には経営陣と利害が対立することになり、破産や下崗の事態も現実のものとなる。

　しかしこの場合でも、利益をあげていない企業が銀行の融資を受けて福祉的性格をもつ住宅配分や、奨励金につかっているとの例を聞けば、経営陣が国有資産をつかって労働者を味方につけようとしているか、または自らの利益を得るために利用している状況をなんと解釈すべきか悩むが、経営陣が国有資産をかなり任意に流用することができていることであり、すくなくともAにも、金融機関の人たちにも阻止されることではないことになる。

　これまでみてきた問題点から、さらにこのA、B、C、3者実際の関係を想像してみよう。

　Aが、Bにたいして、官僚として国家から託された当然の義務を厳格にはたしていない。Bは、契約上の任務を遂行した報酬として、契約にもとづいた利益を受け取ることは当然としても、逆に任務を遂行できずに不利な状況に陥った場合に、義務をはたさないという幼児のごとき行為をすることもある。それは、Bが「自然人」であり、資本家のように貪欲であることの結果であり、Aはそれを阻止できない、または、しないのである。もしもそのようなことがありえるとしたならば、A、Bが「友人のような関係」、「利害を一つにする関係」にある場合がかんがえられる。両者はともに「官僚」といえるのではなかろうか。

　またCが、企業が利益を出していないにもかかわらず、福祉的性格の住居の配分を受けたり、奨励金を受けたりすることもまた、Bに利用され、国家資産に損害をあたることを、ある程度当然のことだれもがかんがえているからではなかろうか。その場合、Aによる暗黙の了解が前提にあるのであろう。しかしCは、A、Bと同じ立場にはなく、一方的に恩恵を「受ける立場」であり、

本来は「無権利の立場」または「権利を侵される立場」であって、自ら要求する立場にはないであろう。賃金、福祉的手当等の既存の権利を侵されることはないにしても、両者の行動にたいして否を唱えることのできる立場にはけっしてない。Cには、自らが国有資産の所有者である意識はない。

　政策が決定され、さまざまな措置がとられたとしたら、その政策を遵守しさえすれば、その結果はおおよそ所期の想定水準に達するはずである。その上で政策の目標が達成されないのであれば、政策のあやまりであり、他の方法をこうじて目標を達成しなければならない。中国の国有企業改革は、その政策達成のための措置が徹底されていない部分があるといわざるをえない。われわれにはA、B、Cともに、深刻な事態ととらえていないことは、AとBが同じ立場であり、Cは、一方的な受動的立場であるためとかんがえる。

　AとBの関係は、「友人のような関係」にあるか、「利害を一つにする関係」、いずれも国有資産の一部をわがものとしようとするところで一致している。A、Bいずれも官僚または官僚に準じる人たちであろう。

　それにしても、王夢奎　主編『中国経済転軌二十年』掲載の1978年と1998年の「国有独立採算工業企業における利益、損失状況表」[38] で述べられている、1978年の損失総額は42.06億元、利益総額は550.86億元で、利益にたいする損失の割合は7.64％であったが、1998年には1023.30億元の損失総額にたいして利益総額は1513.70億元であり、比率は67.60％となっていた。損失総額を比較すれば、1998年は1978年の24.32倍であり、一方利益総額を比較すれば、1998年は2.74倍でしかない。このことは、利益総額は増加したものの、損失総額はそれを大きく上回る比率で、長期的に増加していることを意味している。このことを「順調」ということはできない。

　もしもこれらの企業がだす損失のある部分が、AとB、つまり官僚と経営権をもつものによりもたらされたものであるとしたならば、改革政策でつくりあげられた近代企業が国有企業であるかぎり、必ずこの種類の損失（それは、当然その企業の生産コストとして作用する）を企業が負担しなければならないこ

とになる。またこのような負担は、率としても大きなものと想像できるものであり、それが経常的に存在するのならば、資金にたいする比率としては非常に小さな利潤率を争う国際市場競争の中に身をおく中国近代企業の大きな部分が、国際市場における他の近代企業との競争で不利となっていくことは明らかである。これは必ず改善しなければ、国際市場での競争力を失うことになるはずである。

　なぜこのような負担が近代企業にかかってきているのであろうか。以下の章で考察する。

［注］

* 本文中引用の文章は、日本語で出版されているものはそのまま日本語で、中国語で出版されているものについては、引用者折戸が日本語に訳したものである。
* すべて引用した場合長文になることを避け、要約して表記した場合には最後に「より」と付記する。

1) 董輔礽主編『中華人民共和国経済史』下巻　1999年9月刊　30ページ。
2) 「鄧小平は（採用条件の）緩和政策を主張した。かれは次のようにいった。"生産関係はつまるところどのような形態がもっともすぐれているだろうか。おそらくは次のような態度を採用しなければならない。つまり、どの形態でも、どの場所でも、農業生産をかなり容易に、かなり速く回復させ、発展させることができるならば、その形態を採用する。そして、大衆が採用を望んでいる形態であれば、当然その形態を採用するべきであり、非合法のものであれば合法にするべきである。"かれはさらに、劉伯承がいつもいっていた四川省のことば、"黄猫でも、黒猫でも、ネズミを捕らえさえすれば良い猫である。"と述べた」（蘇星著『新中国経済史』699ページ）
同じ主旨が姜淑萍　等著『鄧小平　諸論争における発言』中国長安出版社2004.1刊にも掲載されている
3) 趙徳馨主編『中華人民共和国経済専題大事記』1967―1984　河南人民出版社1989年刊　590ページ。
4) 蘇星著『新中国経済史』中共中央党学校出版社1999年9月刊　701ページ。
5) 蘇星著『新中国経済史』中共中央党学校出版社1999年9月刊　696～702ページより。
6) 湯応武著『1976年以来的中国』経済日報出版社1997年10月刊　165～166ページ。

7) 湯応武著『1976年以来的中国』経済日報出版社1997年10月刊　166ページ。
8) 湯応武著『1976年以来的中国』経済日報出版社1997年10月刊　166ページ。
9) 陳道主編『経済大辞典　農業経済巻』上海辞書出版社1983年12月刊　46ページ。
10) 董輔礽主編『中華人民共和国経済史』下巻　1999年9月刊　42ページ。
11) 董輔礽主編『中華人民共和国経済史』下巻　1999年9月刊　42〜43ページ。
12) 董輔礽主編『中華人民共和国経済史』下巻　1999年9月刊　222ページ。
13) 張卓元主編『政治経済学大辞典』経済科学出版社1998年12月刊　626ページ。
14) 唐忠等主編『中国郷鎮企業経済学教程』中国人民大学出版社2000年3月刊　9〜11ページより。
15) 唐忠等主編『中国郷鎮企業経済学教程』中国人民大学出版社2000年3月刊　76〜87ページより。
16) 董輔礽主編『中華人民共和国経済史』下巻　1999年9月刊　220ページ。
17) 董輔礽主編『中華人民共和国経済史』下巻　1999年9月刊　220ページ。
18) 董輔礽主編『中華人民共和国経済史』下巻　1999年9月刊　220ページ。
19) 董輔礽主編『中華人民共和国経済史』下巻　1999年9月刊　221ページ。
20) 董輔礽主編『中華人民共和国経済史』下巻　1999年9月刊　221ページより。
21) 董輔礽主編『中華人民共和国経済史』下巻　1999年9月刊　221ページ。
22) 田丙信著『中国第一証件』広東人民出版社2003年　27ページ。
23) 『マルクス＝エンゲルス8巻選集第6巻』「反デューリング論」大月書店1974年6月刊　289ページ。
24) 王東江主編『中国国有企業改革20年』中州戸籍出版社1998年刊　4〜5ページより。
25) 王漢亮著『中国国有企業産権問題研究』北京大学出版社2003年4月刊　82〜83ページより。
26) 王東江主編『中国国有企業改革20年』中州戸籍出版社1998年刊　9〜10ページより。
27) 王東江主編『中国国有企業改革20年』中州戸籍出版社1998年刊　8ページ。
28) 王東江主編『中国国有企業改革20年』中州戸籍出版社1998年刊　89ページより。
29) 張卓元主編『政治経済学大辞典』経済科学出版社1998年12月刊　578ページ。
30) 王東江主編『中国国有企業改革20年』中州戸籍出版社1998年刊　91〜92ページ。
31) 張卓元主編『政治経済学大辞典』経済科学出版社1998年12月刊　48ページ。
32) 折戸洪太著『中国改革・開放の20年と経済理論』白帝社2002年1月刊　147〜151ページより。

33) 王夢奎主編『中国経済転軌二十年』外文出版社 1999 年 9 月刊　80 〜 82 ページ。
34) 王夢奎主編『中国経済転軌二十年』外文出版社 1999 年 9 月刊　82 〜 83 ページ。
35) 王東江主編『中国国有企業改革 20 年』中州戸籍出版社 1998 年刊　92 ページ。
36) 王東江主編『中国国有企業改革 20 年』中州戸籍出版社 1998 年刊　2 ページ。
37) 王東江主編『中国国有企業改革 20 年』中州戸籍出版社 1998 年刊　2 〜 3 ページ。
38) 王夢奎主編『中国経済転軌二十年』外文出版社 1999 年 9 月刊　83 ページ。

第二章　洋務運動について

第一節　洋務運動の概要

　洋務運動にたいする評価は、否定的なものから肯定的なものまである。それは、近代史についての論争、つまり階級闘争史観と近代化史観との間でおこなわれてきた長い論争の反映ともいえるし、それにその時代、その時代に特有な政治的空気の反映ともいえる。
　この論争は、「近代中国のさまざまな災難の基本的根源は、帝国主義、封建主義の反動的支配にある」とかんがえる階級闘争史観と、「近代中国のさまざまな災難の根源は"おくれていること"にあり、中国が世界近代化（資本主義化）の潮流のなかで、西洋のはるかうしろにいることであり、中国を救う基本的な道は西方に学び、近代化を推進することである。」[1]とかんがえる近代化史観、両派の対立である。
　階級闘争史観学派の指導的立場にあるといわれている人は、胡縄(こじょう)と範文瀾(はんぶんらん)である。胡縄（1918年～2002）、抗日戦争期には、中国共産党が組織し、指導した文化活動に参加し、解放後には中国社会科学院院長、中央宣伝部、『紅旗』雑誌社、中央党史研究室、中央文献研究室等において中国共産党の思想・理論の宣伝部門で指導的立場にあった人であり、範文瀾（1893～1969年）、抗日戦争に従事し、建国後中国科学院近代史研究所所長をつとめ、近・現代史研究を牽引した研究者であり、いずれも中国共産党が指導した中国革命に参加し、多くの著作を残している。
　しかし一方の近代化史観学派の指導者といわれている黎澍(れいじゅ)は、わたくしのも

第二章　洋務運動について　61

つ資料範囲では、『洋務運動史論文選』[2]において「序言」を執筆していることが確認できるだけで、著作、論文等は寡聞にして知らない。この学派は70年代から80年代にかけて盛んとなり現在にいたっているが、その視点が提起されたのは1930年代であったという。当時蔣廷黻（しょうていふつ）は『中国近代史』のなかで、「この百年間近くの中華民族には、ただ一つの問題しかない、つまり中国人は近代化できるか、西洋人に追いつくことができるか、科学と機械を利用することができるか、われわれの家族と故郷の観念を取り除き、近代的民族国家を組織することができるかであり、できるとしたならば、われわれ民族の前途は光明に満ちたものであり、できないとしたならば、われわれ民族の前途はない。」[3]との視点である。

　この両学派における分岐は、次の所であろう。
　つまり、階級闘争史観からいえば、太平天国運動、戊戌変法（ぼじゅつへんぽう）、そして辛亥革命（しんがいかくめい）を研究していくことは、その史観を発展させてきた論拠となった歴史事実の経過を跡づけることであり、中華人民共和国の成立は、その歴史的、論理的帰結となる。また近代化史観からいえば、洋務運動、戊戌変法、辛亥革命、そして解放後おこなわれてきた、経済改革までつづく工業化の歩みが、そのまま中国における近代化の足取りとなる。そこでは、洋務運動は近代化が開始されたことを意味するできごとである。したがって、太平天国運動を肯定的に評価し、太平天国運動を鎮圧した洋務運動を否定的に評価するか、洋務運動を中国工業化の起点であるとかんがえるかが、両学派の必然的な分岐となる。

　建国直後に出版された近代史の著作には、「太平天国運動」が独立してあつかわれ、「洋務運動」については特別に章をたてずに、ことさら簡単に論じているとかんじられるものが多い。『毛沢東選集』第四巻[4]では、中国近代史のなかで「西方に真理」をもとめたとしてなん人もの名前が列挙されているが、歴史ではたした役割がどうであれ、中国ではじめて工業化・近代化に着手した人たちであるにもかかわらず、そのなかには洋務運動を推進した人たちは含まれていない。
　中国革命を指導した人たちにとって、太平天国運動を指導した人たちは自分

たちの革命の先駆者であり、したがって太平天国運動を鎮圧した洋務派は、いわば仇にあたる。さらに洋務派が買弁的性格をもっていたことから、以後中国人民を苦しめることになる半封建・半植民地の国家・社会へと引きずりこんだ人たちであるとかんがえるとすれば、中華人民共和国建国直後の時代は、まさにこの政治的空気が強く、そのなかで近代化史観はほとんど勢力をもつことができなかったと想像することができる。そのような時期には、洋務運動が消極的に扱われるのはいわば当然のことであった。

中国革命を遂行した人たち、そして階級闘争史観にたつ人たちは、当時の政治的空気のなかで優勢を占めつづけたが、時間が経過するとともに政治的空気もしだいに変化し、経済改革の開始は、「政治闘争」から「経済建設」への転化でもあったことから、これを境に近代化史観にたつ著作が増加し、現在にいたっている。われわれが引用する資料、とくに80年代以降に出版されたものには、近代化史観に属する著作が断然多い。

洋務運動が開始されてから約一世紀半、建国から半世紀を経た現在では、革命とは直接的なつながりがうすれていくなかで、政治的空気においても階級闘争史観がしだいに勢いをなくし、洋務運動は歴史の1コマとしてとらえられるようになり、この運動のなかで開始された工業化・近代化への試みがそのまま事実としてとらえるようになったこともまた、近代化史観が勢力を得た全般的な背景として横たわっているといえる。

ここで洋務運動を共通の認識でとらえていくための前提となる3つのことば、つまり「買弁の定義」、「洋務運動の定義」、「洋務運動ということば」をあげておきたい。

1. 買弁の定義

買弁には、あまりはっきりとした定義はないようである。おおよその意味は、次のようになる。

歴史的には、アヘン戦争前にすでに存在しており、外国商船のために食糧や

用品を購入する人、外国商館で事務をとる人、ギルド制度に従事し、許可を得て売買を仲介する商人という形からはじまった。

そして、職業としてとらえる場合には、外国貿易とともにうまれた特殊な、他の職業よりより多くの給料、報酬等がえられるとかんがえられ、また、歴史の面で買弁が政治的にはたした役割をもって、外国帝国主義の中国侵略にあたって外国の政治、経済、文化等の面における利益に奉仕し、中国が半植民地・半封建社会になるにあたって大きな役割をはたし、またその社会において外国資本に奉仕するものであり、極論として買弁は売国奴的性格をもつとかんがえるものまでいる。

いずれにせよ、はじめは外国商人に雇用されるか、契約にもとづいて雇用される売買の仲介人であったというところから、経済的力をつけるとともにしだいに政治的影響力も大きくなり、近代中国において経済的に大きな位置を占めた人たち、または職業といえる。

2．洋務運動の定義

洋務運動とは、19世紀60年代から90年代半ばにかけて、洋務派官僚がおこなった軍事、政治、経済、文化・教育および外交等各方面にわたる活動であり、「自強」と「求富」、そして北洋海軍の建軍、製鉄工場の建設の3つの段階をもっている。

1861年清朝政府は、北京条約の締結を受けて、西欧諸国との外交をつかさどる部門として総理各国事務衙門を設置し、恭親王奕訢、桂良、文祥の3人を総理衙門大臣に任命した。洋務派といわれる高級官僚の代表としては、太平天国運動鎮圧にあたって清朝伝統の八旗兵等の軍隊にかわって功績をあげた、湘軍を率いた曾国藩、そして淮軍を率いた李鴻章があげられる。この2人は、いずれも漢族である。

「自強」段階におけるはじめての軍事工場の設立は、1861年に太平天国軍から恢復したばかりの安慶の地に創立された安慶内軍械所であり、以下次々と24箇所の軍事工場が創立されていった。また、教育制度を改革するなかで、

同じ時期に翻訳者、通訳、外交官等を養成するため、1862年北京で同文館が創立され、上海、広東にも同様な外国語習得のための学校が創立されていった。

清朝末期財政が慢性的に困難のなかで実施されたが、軍事工業の創立と維持のための負担は重く、「まずゆたかになり、しかる後強くなることができる」とのかんがえから、「求富」という民用企業を設立する段階にはいる。民用企業の最初のものとして、1872年外国に長江航行権を与えたことで危機に陥っていた漕運業をたちなおらせるため、輪船招商局を創立した。以下、1876年沈葆禎が台湾に基隆炭鉱を、1877年李鴻章が河北で開平炭鉱等を創設し、さらにそのほか、電報局、機械による職布、鉄道企業等が創立された。その資金については、軍事工業が封建的な官営工業であり、当然資金のすべてが国からのものであったが、民用の鉱工業、運輸企業は、主として官督商弁（清朝政府が、民間の私的資本を利用して近代的な、新式の企業を組織する形態の一つである。一般的には商人〈資本家〉が出資し、政府が官僚を派遣して経営を管理するものである）の形態が採用された。しかし、民間からの資金収集は、金融危機をはじめ多くの企業で困難にであい、また経営も腐敗等の理由で十分な発展がとげられなかったといわれている。[5]

曾国藩（1872年）が死去して以後、淮系の李鴻章が実際上洋務事業の主宰者となった。そして1885年、清朝政府は海軍衙門を設立し、醇親王奕譞を総理大臣とし、李鴻章等に会を主宰させ、実権は李鴻章の手中にはいった。李鴻章は北洋艦隊を拡大・発展させ、北洋艦隊はついに当時中国最大の海軍となった。

また、外国の技術を習得するなかで、外国語を学ぶ学校を設立して外国文献の翻訳者、通訳、外交官等を養成したとともに、1872年から連続4年にわたって毎年30名ずつ、合計120名の児童をアメリカに留学させたことを皮切りに、欧米諸国に軍事技術、生産技術等を学ばすため、多くの留学生を派遣した。1894年から1895年にかけて甲午中日戦争（日清戦争）で日本に負けたことにより、洋務運動は失敗と評価され、終わりをつげた。

3．洋務運動ということば

　洋務運動の名のもとで実際になされた活動内容と、「洋務」が本来もつ意味とにずれがあることも知っておくべきことであろう。
　われわれは、19世紀60年代のはじめから95年まで展開されたこの政治、軍事、経済、教育、外交等を含む広範な運動を、意味・性格を正しく反映しているという理由で使われた「洋務新政」や、古くからいわれていたという「同治新政」、「自強新政」、「洋務措置」、「洋務活動」等のことばを使わずに、これまで踏襲されてきた習慣にもとづいて「洋務運動」ということばを使用する。それは、「洋務運動」が中国「近代化・工業化」の嚆矢として広くかんがえられており、ここではその側面を主としてあつかうことから、多くの人たちがすでに承知しているこの用語を使う方がつごうがよいからである。

第二節　洋務運動における「自強」の段階

　われわれは、洋務運動において近代工業が創業され、そして発展・展開されていったようすから整理してみよう。
　洋務運動の「洋務」とは、すでにかるく触れたが、アロー戦争敗戦によりイギリス、フランス、ロシアとそれぞれ1861年（咸豊11年）に締結した北京条約を受けて、総理各国事務衙門が設立されたことからくる。各国事務衙門とは、いまわれわれがいう外務の仕事のことである。そのころ西太后―奕訢が、それまでの排外的な頑固・保守的性格の政策をいくらか変更し、少しは現実的な政策をとりはじめた。そして、太平天国との戦いのなかで曾国藩、李鴻章等の漢族士人階層の高級官僚が勢力をもちはじめ、かれらは魏源の「師夷長技（外国のすぐれた技を師とする）」との思想に影響され、奕訢等の支持下で洋式銃・砲の購入、製造をはじめた。このことが現在では洋務の名と結びつき、本

来直接関わりのない軍事化、近代化・工業化と深い関わりをもっていわれることになった。そのため洋務運動の期間といえば一致してこの総理各国事務衙門が成立した1861年からはじまるわけでなく、1862年、1864年からというものまである。「洋務」とは直接かかわりのないことが事実として了承されているからであろう。(わたしは安慶内軍械所の成立をもって開始とする)いずれにせよ最初の段階は、19世紀60年代のはじめからであり、1895年まで約30年間におよぶ。また洋務運動は、「自強」、「求富」を追求するにあたり、それと対応して同時に教育制度、海外留学等の面でも「近代化」がはかられている。われわれはまず「自強」、「求富」の面を追うことからはじめる。

1860年代はじめは太平天国運動を鎮圧した直後で、まだ捻軍や回族の蜂起がつづき、新式武器を必要としていた時期であり、この時期から多くの官営軍事工業が創立されはじめたことから、「自強」段階といわれる。この期間は多くの著作で1864年（同治3年）から1873年（同治12年）となっているが、ここでは洋務運動、「自強」を語る場合に欠かすのできない安慶内軍械所が設立された1861年からはじめる。

「軍事工業」設立の状況は、図—1の通りである。

まずは、この期間に設立された軍事工業24個所のなかの必要なものについて説明をしよう。

  i 安慶内軍械所（1861年）

1861年12月に曾国藩が、太平天国から奪還したばかりの安慶の地（安徽省）に中国最初の近代的軍事工業である安慶内軍械所を創設した。規模は小さく、手工労働が主であった。弾丸、火薬、炸裂砲等を造っていたが、手工労働によりつくられた中国はじめての小さな「黄鵠号」という名の木殻蒸気船を製造した。しかし、技術力が手工労働であるためか、航行に適さなかったという。[6] いくつかの事情によって生産は停頓してしまい、1865年に南京へ移転され、最終的には金陵機器局に合併されて、李鴻章の支配下にはいった。[7]

第二章　洋務運動について　67

	局　名	所在地	設立年	創設者	主　要　生　産　物
1	安慶内軍械所	安慶	1861	曾国藩	弾丸、火薬、炸裂砲
2	上海洋砲局	上海	1862	李鴻章	弾丸、火薬。
3	蘇州洋砲局	蘇州	1863	李鴻章	弾丸、火薬。
4	江南制造局	上海	1865	曾国藩	軍船、銃、砲、水雷、弾丸、火薬、そして機械。
5	金陵制造局	南京	1865	李鴻章	銃、砲、弾丸、火薬。
6	福州船政局	福州	1866	左宗棠	汽船の造船・修理専業。
7	天津機器局	天津	1867	崇厚	銃、砲、弾丸、水雷、火薬、製鋼所設置。
8	西安機器局	西安	1869	左宗棠	弾丸、火薬。
9	福建機器局	福州	1870	英柱	弾丸、火薬。
10	蘭州機器局	蘭州	1872	左宗棠	弾丸、火薬。
11	広州機器局	広州	1874	瑞麟	弾丸、火薬、小型汽船の製造・修理。
12	広州火薬局	広州	1875	劉坤一	火薬。
13	山東機器局	済南	1875	丁宝楨	銃、弾丸、火薬。
14	湖南機器局	長沙	1875	王文韶	銃、砲、弾丸、火薬。
15	四川機器局	成都	1877	丁宝楨	銃、砲、弾丸、火薬。
16	吉林機器局	吉林	1881	呉大澄	弾丸、火薬、銃。
17	金陵火薬局	南京	1881	劉坤一	火薬。
18	浙江機器局	杭州	1883	劉秉璋	弾丸、火薬、水雷。
19	神機営機器局	北京	1883	奕譞	不詳。
20	雲南機器局	昆明	1884	嶺疏英	弾丸、火薬。
21	山西機器局	太原	1884	張之洞	洋火薬。
22	広東機器局	広州	1885	張之洞	銃、砲、小型汽船。
23	台湾機器局	台北	1885	劉銘伝	弾薬、火薬。
24	湖北銃砲局	漢陽	1890	張之洞	銃、砲、弾丸、火薬。

図―1　　　　　（張国輝『洋務運動与中国近代企業』中国社会科学出版社 p.24 より）

ii 江南制造総局（1865年）

　この工場は、洋務運動における最大規模にして、典型的な軍事工場といわれている。この内容を、いく冊かの文献をつうじてみてみよう。

　江南制造総局は、「イギリス侵略勢力と早くから結託していた湘・淮軍閥が江南を守るため、太平天国鎮圧後に南京、上海を主要な拠点とした。イギリス侵略勢力からの支持に依拠すること、西洋式の兵器を購入、使用することを前提として、曾国藩と李鴻章が共同で、上海に江南制造総局の設立をはかった。」[8] ものである。

　「湘・淮軍閥は長江以南を確保してから、自分たちで新式の兵器・弾薬を作るのにきゅうきゅうとしていた。イギリス侵略者と自称"深い友情で結ばれた"李鴻章は、1862年上海に到着するや、イギリス侵略者たちの"大砲の緻密さ、弾薬の巧みさ、機械の鮮やかさ"に驚き、外国陸軍が城攻めに使う武器・弾薬が、"どれ一つとして中国にはない"と、自らの身の丈を越えたものをほしがった。ここに李鴻章の反動的本性があらわれ、卑屈にも"恥を忍んで虚心になり、ヨーロッパの人たちからいくらかの秘宝を学びとろうとした（李鴻章のことば）"。このためかれは、"ヨーロッパの神秘なわざに注目していた"丁日昌を、自分がさきに設立していた上海洋砲局へと遠く広東から呼び寄せ、上海でもっぱらに兵器・弾薬の製造にあたらせた。曾国藩は、容閎という、近代最初の外国への留学生であり、帰国後洋行（外国人の会社、または外国人と取引をする会社……訳注）で買弁をしていた者を1863年に接見し、六万両をもたせてアメリカへ派遣し、"機械を作る機械"を購入させ、機器局建設の準備を委託した。」[9]

　「しかし李鴻章は、反動的武装集団である湘・淮軍の戦闘力を急いで増強するため、機械が外国から到着するのを待ちきれず、1865年海関道の地位にあった丁日昌を奔走させて、虹口のアメリカ商人から旗記鉄工所（Messrs. Hut and Co.）を買い取って工場を設立した。この工場は、当時"洋涇浜（フランス租界と共同租界の境にあった地名……訳注）にある外国の工場のなかでもっともすぐれた機械をもつもの"と考えられていた。この工場のそれまでの設備は、"船を製造・修理する機械が多く、砲を製造する機械は非常に少ない"、

"大小の汽船および榴弾砲、洋銃を製造する"というものであった。もとの工場主フォール（T.J.Falls）は、一定の水準をもち、"あらゆる汽船、銃・砲、機械は、フランスでと同じように製造することができる"といっていた。李鴻章はこの鉄工所を買収した後、さきに上海と蘇州に丁日昌と韓殿甲をそれぞれ主宰にすえていた2つの砲局もこの鉄工所に繰り入れ、さらに容閎の提案により外国から購入した機械が上海に到着するや、それらを一つにして"江南制造総局"を成立させた。」[10]

「江南制造総局は、はじめ造船を主とする計画であったが、後に清朝の封建支配者が人民を鎮圧する必要から、銃・砲を改造するように改め、そして造船機械を銃製造、砲製造の機械に改めた。曾国藩はこの状況を次のように述べている。"はじめ討伐をすすめるために、もっぱら銃・砲をつくった。……開局した当初には、軍備をはなはだ急がなければならず、軍事孔章丞である李鴻章は、まず銃と砲の2項目の製造を命じて、切迫した必要に対応した。"（曾国藩のことば）当時砲製造面では、青蛙砲と榴弾砲を製造することができ、銃製造の方面では、イギリス、フランス、アメリカ式の歩兵銃、カービン銃等の数種類の筒込め銃を製造することができ、後にはいくらかの元込銃も製造することができるようになった。」[11]

「造船面は、1867年（同治6年）江南制造総局が上海城南新工場に移り、そしてドックが竣工されてからはじまった。1868年8月（同治7年7月）に初めての汽船が竣工し、当時曾国藩は両江総督の任にあったことからかれが恬吉汽船と命名したが、後に恵吉号と改称された。」[12]

「汽船恬吉号の試作に成功してからも、さらに操江、測海、威海等の汽船を続々建造した。1872年（同治11年）までに、江南制造総局はさらに大型軍艦海安号を試作したが、それは"全長三十丈、四百馬力、汽罐はすべて喫水線下におさめられ、甲板および両側の2層にわたって二十六門の砲が装備され、外国の3本マストの軍艦をみならったつくりになっており、イギリスの新聞は、中国はじめての大型軍艦であるといった。"製造していく過程で船の寸法はさらに拡大されて、"実馬力千八百、巨砲二十門、兵五百という、外国では2等にあたるが、中国では抜きんでたもの"（李鴻章のことば）となった。1878

年（光緒元年）にはさらに、海安号と同型式の6番目の軍艦を建造し、さらに鉄殻の小型汽船三号を建造した。これらの船の装備はいずれも模倣したものである。恬吉号は船殻と汽罐だけを自分たちで製造し、その他の機械は外国の旧式な機械を購入したものであった。」[13]

「しかし、汽船を自分で製造することができたことが、中国がすでに軍事強国になったことを意味してはいなかった。江南制造局が生産した汽船は、様式はもちろん、性能、実用性、およびコストのいずれにおいても、国際水準から大きく後れをとっていた。」[14]

「清朝廷は巨資をつかって銃・砲、汽船を製造していくことをしりぞけたが、その目的は国防を固め、西方列強に抗することであり（つまりこのことは、全般的に資金が不足しているため、軍事工業を強化することは財政面での限界を越え、逆に清国国防そのものが危うくなるという意味であろう。……訳注）、江南制造局は明らかに重い任務にたえがたくなっていた。数年後江南制造局は汽船の生産を停止し、主として銃・砲、弾薬を製造するようになった。江南制造局の発展は、中国が工業化していく道が非常に困難で、曲折したものであることを十分に体現していた。第一には、江南制造局は国際競争では粗末なもので、技術的には旧式なものであった。江南制造局の銃生産は模造が主であり、テストをかぎりなく繰り返すことで、最終的にはアメリカのレミントン銃の模造に成功した。生産された銃は、完全に同じであるだけでなく、性能も格差のないものであった。生産されたものを軍隊に向けて送った時には、各国ではすでに一般的には新式の元込銃が使われており、レミントン銃は時代後れとなっていた。第二には、資金不足である。新式の武器を生産するごとに、数十万両から百万両の銀を費やして機械を設置し、原料を購入し、そして工場の建物を建てなければならない。太平天国運動と西方からの衝撃によってもともと財政危機に陥っていた清朝にとって、それはさらに重くのしかかった。時をうつさずただちに設備更新をすることができないため、小口径ピストルの生産は手工労働を主とするしかなく、年に2千丁しか生産できなかった。第三には、管理が混乱していたことである。江南制造局は官弁（官営）企業という伝統的体制に属しており、人員は煩雑であり、労働力、原材料が浪費され、職権を乱用して自分のふとこ

ろを肥やす、等の状況が発生したこともあった。第四には、工場の場所が不適当であった。江南制造総局は上海虹口に設置されており、石炭、鉄鉱石の産地からは遠くて原料の供給が困難であり、輸送費が高かった。しかし中国近代軍事工業の先駆として、江南制造総局は、つまるところ汽罐をもつはじめての軍船、はじめての旋盤、はじめての近代火薬、はじめての鉄鋼炉を製造し、はじめて技術者たちを養成したところであった。」[15]

江南制造総局はさらに、これらの活動を遂行すめるため西洋文献の翻訳事業もすすめたが、このことはまた別の項で触れる。

ⅲ 金陵機器局 （1865年）

金陵機器局は、別称江寧機器局ともいわれ、李鴻章がイギリス人マッカートニーを主宰に任命した軍事工場である。李鴻章は、1862年松江に開設した弾薬工場を1863年蘇州に移して蘇州洋砲局とし、さらにそれを1865年に南京へ移し、拡充させたものである。

金陵機器局は、もっぱら銃、砲、そして火薬を製造する軍事工業であり、江南制造総局より規模は小さいが、製造した銃、砲の種類は多く、前身の蘇州洋砲局でつくられていたもののほか、大砲も作れるようになり、さらに地雷、火箭、およびその他の兵器製造も準備していた。

李鴻章はここを重視し、かれが従事・推進していた内戦に兵器・弾薬を提供すること、大沽砲台に大砲を供給することの2つの任務をあたえた。そして、李鴻章が捻軍を鎮圧するにあたり多くの大砲を提供し、捻軍鎮圧後には淮軍の武装装備に貢献したという。[16]

ここに金陵機器局に起こった出来事から、洋務運動、そして李鴻章のもつ性質を側面から知らせてくれるエピソードを紹介したい。

「1870年（同治9年）李鴻章は、直隷総督兼北洋通商大臣に就任して以来、淮系勢力および北洋の基盤をつき固めるため、海軍と海防のための配備を計画し、そのため早くから大沽砲台の建設を開始していた。大沽砲台の建設過程で、マッカートニーはひそかに参与した。……マッカートニーは完全に帝国主

義の陰謀家であった。……このことが暴露されたのは10年後(ママ)であった。」
17) 1875年1月に大沽砲台の2門の大砲を発射した際、暴発事件が発生した。後に実験したところ、大沽南、大沽北、双方の砲がともに用をなさないものであることがわかったという。

　このことは、「すくなくとも以下にあげる3つの問題が反映されている。」として、次のように述べる。

　「第一、金陵機器局が製造した大砲が、中国人民の内戦を鎮圧するなかでどうして暴発事件が起こらなかったのか、そして大沽砲台の装備にはそのような結果が発生してしまったのか。そればかりでなく、1門の大砲だけでなく、ほとんどすべての大砲が同様に暴発したが、これらの状況をどう解釈すべきであろうか。もともと問題が発生する根源のようなものは、大沽砲台を武装することそのものにあり、外国侵略者の角度からいえば、外国に抵抗しようとする要素をもつことをいくらかは意味しており、したがってマッカートニーは、この清朝政府の軍事工業の急所に入りこんだ侵略者の代表であり、かれにすれば必ず破壊しなければならなかったものになる。

　第二、この事件もまた、外国侵略者が洋務運動を支持したのは、清朝政府がおこなう中国人民鎮圧を助けるためだけにあったことを反映しているのであって、もしもその範囲をいくらかでも出たとしたならば、かれらはさまざまな手段を利用してそれを阻止しようとするか、または破壊活動をしたであろうということである。

　第三、このことが発生したことによって、人々は李鴻章の任用が人を得ていなかったからだとかんがえるであろう。このいいかたはあまり正しくない。当時李鴻章の下にいた多くの外国人のなかで、マッカートニーはかれがもっとも信頼をおいていた一人であった、……。大砲暴発事件が発生した後、李鴻章はかれの職を解いたのではあるが、3ヶ月もしないうち、すなわち1875年10月にまたもやかれを呼びだし、イギリスへ赴く大臣郭崇燾の秘書として通訳にあたらせた。この外国侵略者の代表は、機器局の監督から、一変して清朝政府の外交官となったのである。」18)

　このエピソードから、洋務運動を代表する人物とされている李鴻章と列強勢

力との関係、かんがえ方などの一端がとらえられるであろう。それは、明治維新期における幕府と外国人たち、日本政府と「お雇い外国人」たちとの関係、当時日本人が外国人になにを求めていたかの基準にしてかんがえれば(多くが西方文化、学術、技術の導入と、その定着にあたっての基礎を築いた人たちとの印象をのこしている)、かなり異質のものであったといえるであろう。

iv 福州船政局 (1866年)

清朝政府が経営した最大規模の新式造船所である。またの名を馬尾船政局、閩(福建省の旧名……訳注)工廠または閩局とも簡称される。湘軍系軍閥左宗棠が創設した造船専門の軍事工場である。Giquel.P (リーゲル寧波税司)、D, Aiguebelle.P (ド・アリゲベール フランス洋銃隊隊長) の2人が、太平天国軍を鎮圧した時にむすんだ左宗棠との関係を利用し、左宗棠がかねてから艦船を建造したいとかんがえていたことを知ると、当時左宗棠が閩浙総督の地位にあることを利用して、かれをそそのかして福州船政局を計画させた。[19]

この福州船政局の設立には、鉄工所、船舶、造船所、学校、および中国人・外国人の役所、労働者・職員の宿舎、岸壁工事等すべてで銀二十四万両が必要と見積もられており、機器の購入、汽罐および鉄船の購入等に銀十三万三千八百両を要したという。[20]

左宗棠はこの2人に、「5カ年のうちに、三百余万両の経費を使い、"大型汽船十一隻、小型汽船五隻、大型船は百五十馬力で百万斤(約五百㌧)搭載可能なもの、小型船は八十馬力で三、四十万斤(約百八十㌧前後)搭載可能なもので、どれも外国船形式のものである。"」[21] という五カ年の計画を命じた。しかし、結局は左宗棠が命じた五カ年の計画よりも、時間的には一年間遅れ、経費面では78.6%超過し、予定された造船隻数には十五隻で一隻足りなかったについては、建造された十五隻のすべてに、リーゲルがフランスの古い装備を使わせるのに成功させたことからうかがえる程度のもので

1876年(光緒2年)、李鴻章は煙台と天津で2度にわした時に、「会う毎にリーゲルが以前意識的に旧式なとをせめたてた。」(李鴻章のことば)という。左宗棠

して購入しなければならない、それが値段が高いとしても、良いものを手にしようとするならば、そうしなければならないのである」といったことばは、福州船政局が建造した船が旧式なものであったという事実の前で完全に破産し、外国侵略者から汽船の汽罐を高い価格で購入した結果は、かれらが旧い機器を売り捌くのを助けたにすぎなかったことになる。22)

　李鴻章がこの事実を詰問した目的は、自分が直接外国船を購入する有力な理由を捜していたにすぎない。実際には、外国侵略者から汽船の汽罐を購入して船に装備するにしても、完成品を購入するにしても、すぐれた商品は侵略される側に永遠に送られてはこないということである。左宗棠の失敗は、李鴻章に造船することを自ら放棄するための口実をあたえ、後期の洋務を完全に買弁的性格をもたすためすぎなかった。23)

v　天津機器局（1867年）

　天津機器局は、はじめ三口通商大臣である崇厚により、首都北京に近い天津で創建され、後に李鴻章にひきつがれたものである。1867年に軍火機器局として設立され、1870年に天津機器局、または天津機器製造局と改称された。工場は二つの部分に分かれており、1つは銃・砲を製造する西局、もう1つは弾薬、武器を製造する東局であった。拡張されて華北最大の軍事工場となった。

　この工場を創立した理由は、「江南制造総局、金陵機器局および福州船政局が相次いで設立された後、外国の鉄砲・大砲、船舶が、漢族の封建地主実力派の手中で意のままに完全に支配され、外国を重んじて国内を軽んじる局面がうまれることを清朝政府が深くおそれたことで、崇厚に命じて天津で機器局をつくる計画をたてさせた。」24) ことにあるといわれる。また別の本によれば、「李鴻章、曾国藩が江南制造局の建設を計画した時でさえ、洋務派の中央代表である奕訢は、洋務派が江南に出現させた新式の兵器・弾薬製造工業は、地方勢力の過分な膨張をまねくとして、特に清朝政府にたいして注意を促した。神機営で訓練されている威遠隊には、大砲、砲弾および新式の兵器・弾薬がいま必要とされている。そのような兵器・弾薬は、現在のところ李鴻章が江蘇で経営す

る洋砲局しか製造できない、"ただ１つの省で模倣して製造していても、つまるところはどの省でも使えるというわけにはいかない"、もしも首都北京付近で総局を設立し、そこで"外国の各種兵器・弾薬、機械をもっぱら製造"させるならば、"ひとたび有事になっても、他の省に割り当てるよりは順調に補充することができ、運びやすく、また便利でもある"、と提起した。奕訢の建議には清朝政府の中央支配勢力を増強しようとの意図が含まれていることは明らかであり、そして洋務派の地方集団もこの意図がもつ非常に意味深長なところを理解していた。後に李鴻章はことばをはぐらかしながら、天津機器局は"極めて深謀遠慮にとんだ"措置であるといった。」[25]

ところが皮肉なことには、1870年6月に発生した天津キリスト教会襲撃事件[26]により、清朝政府は崇厚を欽差大臣としてフランスに派遣し、8月には李鴻章を直隷総督に転任させたことで、天津機器局は初期の段階で李鴻章の主宰にかわってしまった。

李鴻章の経営下で拡張され、多くの設備・機械が買い増しされただけでなく、兵器・弾薬や、さらに軍船、汽船、浚渫船等々も、建造・修理できるようになった。

天津機器局は設立時の意図とはことなり、李鴻章が淮系の勢力を扶植し、北洋の地盤をつき固めていくための非常に重要な役割をはたした。長年にわたりここで生産された武器・弾薬、軍船、砲艦は淮系軍隊のほか、中原各省にも供給されていった。

中仏戦争の影響から、海軍が創建された後天津機器局は、陸軍の要求に応えるとともに、海軍の鉄製軍艦、快速船、魚雷艇および水雷営、砲台が必要とする武器・弾薬を製造し、その重要性をいっそう増していった。

天津機器局の費用は、天津、煙台の税関から年間約三十余万両、1880年以後さらに戸部西北辺防餉から一万両等々という状況であった。しかし、この千余万両を費やした天津機器局は1900年八カ国連合軍の北京侵入により、灰燼に帰してしまった。[27]

朝廷内でも新しい試みをする人たちである洋務派の中の、さらに中央の代表である奕訢と、地方に地盤をもつ指導者である曾国藩の湘軍、李鴻省の淮軍と

の間に矛盾が存在していたことを表すとともに、この矛盾はそのまま、満州族、漢族の間の矛盾とも見てとれる。

　「自強」のための軍事工業建設はこの後も続けられ、1900年の湖北省漢陽の湖北銃砲廠創建まで続けられていくが、われわれは主たるものの紹介はこれまでとし、この後創建された西安機器局以下については、企業一覧をもって替えたい。われわれはこれより、「自強」につづく「求富」の段階にうつることにする。
　「自強」を目的とした軍事工業の建設と運営をみてきたが、ここで1つ指摘をしよう。
　「自強」を目標としてすすめられた軍事工業は、軍事工業という性質上市場を対象としたものではなく、封建王朝である清朝が直接必要とするものを生産する。そこからは利益があがらないだけでなく、すべてが負担として清朝の財政に重くのしかかる。アヘン戦争、太平天国運動と巨大な失費がつづいたあとには、もはや財政的に大きな余力は残されていなかった。
　これまで紹介してきたそれぞれの制造局、機器局等の叙述のなかには、しばしばそれらの設立、運営に要した費用がしるされている。それらの額は、文献ごとに必ずしも一致してはいないが、洋務運動に要した費用を記録するためだけでなく、その額がいかに巨大であったかを示すためであった。梁義群[28]によれば、同治帝（1862～1875年）の初期、中期にかけて、長期にわたる戦乱のため田賦収入が著しく低下したが、その期間には一方で関税や国内関税（里金）が大量に増加したことにより、かろうじて負担されていたという。「曾国藩の湘軍が全部で三千余万両費消し、淮軍（李鴻章の軍隊）が千七百余万両、左宗棠の軍隊が四千八百六十余万両を消費した。この三軍が使った費用だけですでに一億余両を越えている。このほか1863～1873年の10年間で、（雲南、甘粛、福建、台湾、そしてその他各軍の費用を合計すれば）数億両以上であった。」[29] というこの巨大な軍事費支出をしたならば、「必ずや毎年収入が支出に追い付かなかったに違いない」[30] との状況であった。

内憂と外患のそれぞれで、外国との関係が日本のそれとはことなっているようにみえる。

　アヘン戦争に負けたことによって帝国主義による中国侵略が開始され、封建大帝国清朝の支配が大きく揺らぐ。農民蜂起が各地に起き、太平天国が10年の長きにわたって存在し続けた。清朝伝統の軍事制度、軍事力では対応しきれず、この変局にたいする緊急な対応に迫られる。清朝中枢は、あくまでも従来の伝統に依拠しようとしても、すでに満州族だけでは対応が難しく、漢族の高級官僚が軍事においても大きな力を得てくる状況となる。

　太平天国を一掃するまでの「自強」は、対外的な「自強」ではなく、内乱にたいする「自強」が主である。太平天国運動鎮圧前後からはじまる洋務運動は、捻軍、回族の反乱がつづいていたにしても、軍備は国内に向けたものから、封建国家体制をそのままに、対外的に「辱めをうけない」ものにするためへとしだいに変化していった。

　一方日本では、外国勢力の直接的脅威、実力は、薩摩藩、長州藩、等の経験によって確認されたかたちであった。また、外国勢力にたいする民衆の蜂起はなかった。幕末における武装強化の目的は、幕府にとっては諸藩の討幕運動対策が主であり、外国勢力にたいしては「当面の体面を保つ」面がつよく、明治政府になってからは、近代国家がもつ常備軍へ、それがしだいに植民地獲得のための侵略軍の整備へと転化していったとおもえる。

　帝国主義勢力にとっては、この太平天国運動にたいし、次期王朝を担いうると考えて清朝と対決するか、それとも清朝を支えて太平天国鎮圧にまわるかの選択肢があったはずである。結果としては清朝に加担することが選択され、また清朝でも「師夷之長技（西方のすぐれた技を師とする）」、「中体西用」との思想下で西方の思想・技術を利用する方式が採用された。

　このなかでイギリス人、フランス人をはじめとするヨーロッパ人と中国人との関係は、明治維新を近代化の一歩として成功させた経験としてもつわれわれには理解が難しい面がある。それは太平天国運動鎮圧過程ではたしたイギリス、フランス、アメリカの役割である。

　開国後に幕府はフランスと緊密になり、薩摩藩はイギリスとの対決のあと手

を結び、戊辰戦争には各国から激しい武器売り込みがあったりして、西欧諸国または資本家との組織的関係は耳にしているが、かれらが帝国主義的性格を露骨に示したとか、幕府軍に軍事顧問団がついていたとしても、直接戦闘に参加したとの話はあまり多くなく、全般的にいえば、ときとしてどこか「好意的な面」をもっていたような印象を残している。また、大砲の製造にあたって金陵機器局の項で紹介した外国人の行動と、その後の李鴻章のとった行動のいずれも、日本の幕末、明治初期の「お雇い外国人」との関係についてもつわれわれの印象、つまり「日本の近代化を先導してくれた」との印象からは想像がつかないものである。

　また、幕末から明治初期にかけて日本と関わりをもった外国人の国籍は、オランダ、フランス、イギリス、アメリカ、ロシア、ドイツ等の多くの国々にわたっている。そして、政治上層部の特定の人と結びつくというよりは、各国政府の名のもとで、各分野にさまざまな国籍の人たちがいたという印象であり、いずれも特定の政府が侵略目的をもって派遣したとか、帝国主義の代弁者であったという感じを受けないが、それはわたしだけであろうか。それとも、日本ではあまり普及していない階級闘争史観からみると、中国同様それぞれの外国人がはたした役割はそのように感じられるものなのであろうか。

　このことに関しては、帝国主義勢力の性質が中国と日本とではことなっていたとかんがえるべきでなく、清朝の高級官僚のもつ性格が当時の日本の指導層とはことなる部分をもっていたことを示しているとかんがえるのが妥当であろう。

第三節　洋務運動における「求富」の段階

　1870年（同治13年）から1885年（光緒11年）は、イギリス、ロシア等の国による中国侵攻がいっそう強まった時期にあたり、軍事活動が依然として活動の中心であり、軍事工業の創設はさらに続くが、軍事工業以外の民用工

業・企業が打ち建てられはじめた段階でもある。その経営形態でいえば、それまでの封建的性格をもった官営（官弁）企業から、新たな形態として民間の資本を導入し、民弁企業、それに官督商弁[31]企業が設立され、それらが利益を追求する形態であることから、「求富」の段階といわれる。

軍事工業が純粋に中心であった第一段階より、民用の運輸企業、鉱工業企業、通信企業、交通企業がしだいに創設されていくのであるが、その背景として、以下の事情があったといわれている。

① アヘン戦争以来清国の財政困難がさらに深刻さを増し、その状況下での軍事工業の運営は、巨額の費用がかかることから大きな負担であった。

② また財政問題だけでなく、西洋の技術を使うこと自体にたいし猛烈に反対する頑固派にとってこのことは格好な攻撃目標とされ、新たに創設することはもちろん、従来の工場を維持していくことすらしだいに困難になっていた。

③ また同時に、軍事工業が発展するにつれ、それをささえていくために不可欠である交通・運輸企業、鉱業（石炭、鉄、非鉄が含まれる）、電信企業、資金をさらに蓄積しやすい紡織業等も設立されるようになった。

このような条件が「求富」へと踏み出すにあたって存在していた。

この環境・条件のなかでいまいちど封建制度をつき固めるとの目的を達成しようとするならば、まずは軍事工業を継続することが前提であり、そのため官に資金がないのであれば民間から募り、そこからあがる利益によって資金をまかなわなければならないことになる。その試みとして提起されたのが「求富」のスローガンであり、「まず富まなければならず、しかるのちはじめて強となることができる」という意味での、「自強」、「求富」であった。張国輝によれば、「いわゆる"求富"とは、経済面の利益をうみだす生産事業を発展させ、そのなかから利潤を追求し、資金を蓄積することである。"まず富むことで、後に強くなることができる"、つまり利潤追求が手段であって、軍用工業およびその他の暴力手段を発展させることが目的であることを示している。」[32]

しかし、洋務運動の指導者たちが「自強」のための「求富」とはいいながら

も、実は「求富」が真の目的であったのではとの疑問がどうしても出てくる。かれらが官僚であり、地主であり、商人であり、また買弁的性格をもっているということと、封建国家の維持・擁護との関係である。官僚の立場からいえば、自分たちの利権をまもり資金を蓄積するためには、まずその大前提に封建国家が存在しなければならないといえる。それでは地主としての立場ではどうか、やはり封建国家の存在が必要である。しかし、さらに商人（大量の資金を有する人たち）であったとしたら、封建国家の存在は必ずしも必要ではなく、「求富」は富を単に蓄積する道具となるはずである。ある意味からいえば、かれらの「求富」の活動は、封建主義をくいやぶり、資本主義（半封建・半植民地）への道を切り開く１つの道でもあった。

この時期に創設された民用企業である、槽運業、鉱業、通信業、鉄道業等の企業について、やはり主なるものについて要点を紹介する。

　　ⅰ　輪船招商局（1872年）
　1870年代はじめにおける洋務運動は、長期にわたって続いてきた財政難により、軍事工場の維持、継続が困難におちいっていただけでなく、1858年の天津条約で長江航行権を列強にあたえたことで、それまで経済全体にとって重要な位置を占めていた中国伝統の沙船（平底の大型木造帆船）による槽運産業が汽船をつかう外国企業に取って代わられ、沙船の船主（商人）、港湾労働者、その他沿海、沿岸に居住する関係労働者たちの死活問題を伴っていた。国家の危機がいっそう増していった時代背景のもとで、危機からの離脱をめざす輪船招商局の創立は、また民間資金利用の試みでもあった。
　輪船招商局は、同治十一年（1872年）李鴻章が計画し、翌年商人たちから資金を集めて設立された中国はじめての民間による経営であり、実際には官僚が実権をにぎる官民合営企業であったといわれている。イギリス、アメリカの槽運業との激烈な競争をくりひろげ、アメリカの会社を財産まで丸ごと買収して経営規模を拡大し、また官民合営から官督商弁に改めたりしたが、「管理が腐敗していたことにより」[33]経営状況は好転することはなかったといわれている。

ただこれだけで表現することができるが、われわれは、当時の中国がもっていた社会的・経済的背景についても、いくらかふれてみなければならないであろう。

アヘン戦争後、中国に流れ込んだ機械生産による西欧の商品は、新たに開港された沿海、大きな河川沿岸の町からしだいに内陸深く販路を広げていったが、それは中国の伝統的封建社会、つまり男が田を耕し、女が機(はた)を織る小農業と家庭手工業が結合した封建農業制度が破壊されていく過程でもあった。たとえば伝統的な手織りによる綿織物業は、機械による綿紡織品が輸入されることによって崩壊していった。このほか、「洋鉄」、「洋釘」、「洋針」等々がはいってきた結果もまた、同じような影響と結果をおよぼした。

1858年の「天津条約」によって国家経済が大きな打撃をうける一方で、外国勢力の周囲に買弁階層が形成されていった。その理由は、「流通領域で輸出入貿易が大量に成立すると、買弁商人に資金を収奪する道を提供した。つまり『瀛壖雑誌(えいじゅ)』のなかで王韜(おうとう)は、買弁商人が貿易成約の過程で"またたく間に、素手で千金が手に入る"と具体的に描写している。」34) とおりである。

アヘン戦争以後の1844年から1856年までの、当時の対外貿易総額の90％を占めていたイギリス、アメリカとの貿易総額の推移が、『洋務運動与中国近代企業』ではマルクスの『資本論』であげられている統計をつかって紹介され、さらにこの貿易額から買弁階層の資金蓄積状況を推計している。その推計によれば、「(1840年からの)20年間で買弁階層に蓄積された資金は累計2千万元から3千万元に達していた。」この方法によるだけでなく、さまざまなやり方によって買弁階級は資金を集めていったが、それはすでに近代的な意味での資本のはじまり35) とかんがえることができるであろう。

ⅱ 開平鉱務局 (1877年)

開平鉱務局にさきだちいくつかの炭鉱開発がこころみられたが、いずれもうまくいかなかった。1875年に直隷省(河北省の旧称)磁州炭鉱が李鴻章により官弁(清朝の資金)で創業され、機器購入が試みられたが、資金が集まらな

いことから閉鎖された。そして同年盛宣懐により官弁で湖北省興国炭鉱が創業されたが、やはり資金が集まらなかった。1876年台湾で沈葆楨により基隆炭鉱が官弁で設立されたが、中仏戦争で損害をうけたこと、そして官商合弁にすることが試みられたが、結局は成果があがらなかった。さらに楊徳、孫振銓により1877年安徽省で創立された官督商弁の池州炭鉱も、炭鉱のみならず金属鉱山も開設されたが損失を出し閉鎖された。

　開平鉱務局は、中国で設立された炭鉱のうち、もっとも早く機械採掘をしたものとして知られている。この炭鉱はまた、洋務運動のなかでは例外的に、かなり効果をあげたものといわれている。

　この後の炭鉱もやはり、「資金の欠乏」、「旧式な機器・設備」、「劣悪な石炭の品質」、「輸送の困難さ」、「土法（伝統的方法）による採掘」、「長期にわたる欠損」、等々を理由として閉鎖されたものが多く、順調に発展したものは少ない。[36]

　中国において炭鉱を開設せよとの提案は、曾国藩が1868年に炭鉱開発を提案したことからはじまっている。曾国藩が提案したあと、「外国侵略者もまた洋務派官僚に炭鉱を設立するように極力建議をしたが、かれらは当時中国に石炭を採掘するよう望んだが、鉄を採掘することは望まなかったといわれている。というのは、"中国はすでに造船工場、制砲局、機器処を設立しており、どれもが鉄を必要としていて、それを必ずイギリスに求めてくることになる"、かくしてイギリスは巨額な利益を手にすることができるのである。しかし、"西欧の汽船が中国へくるための石炭は、すべて遠くから運ぶものであり、その費用ははかり知れない、ひとたび炭鉱が開設されてから、もしも石炭があたえられないとなれば、汽船にとって打つ手がなくなることになるため、その判断に誤りがあってはそのツケが大きくなる。もしも中国に石炭があれば、かれらを利することになる。"これは侵略者の"深謀秘慮"である。そして李鴻章が自分の"求富"への希望から、このことにたいしても一連の見解をもっていたが、それが鉱山を設立することは利益の源泉を設けることであり、利益の源泉を設けることはまた"自強"をもとめることでもある。」[37] ここから、中国における近代炭鉱は、洋務派と西欧諸国の必要性からうまれたものということ

ができる。
　さらに、金属鉱業についても触れておこう。
　『洋務運動与中国近代企業』には、1881年に創立された熱河省（現在の河北省東北部と遼寧省の西部の旧称）平泉銅山からはじまる24個所の銅山、鉄鉱山、鉛鉱山、金・銀山の状況がしめされているが、その多くが１年から数年、長くても10年をすぎるものがない。図─2（但し、閉鎖年不明が２個所と未記入が１個所。）その理由としてあげられていることは、「上海の金融争議」、「欠損」、「経営不振」、「経費不足」、「外国の侵略による」等々の理由である。鉱脈の質、量を確認せず、採算の見込みすら不明のままに鉱山を開設すること自体に疑問を感じるほどである。[38]
　これらの典型として、李宗岱（りそうたい）、等が主宰した山東省平度金鉱について若干紹介をしてみよう。
　山東省煙台付近に非鉄金属の鉱床があるといわれ、19世紀60年代後期には、外国人の垂涎の的になっていた。イギリス、フランス、アメリカのほかイタリア、プロシアもねらっていたが、80年代に中国国内で鉱山開発ブームがおこり、李宗岱が1885年に採掘許可を得た。李宗岱は外国人技師を雇い、アメリカから六十馬力の鉱石ミル機を購入することから開始した。資金収集では、上海の金融紛争により、鉱山への投資は危険とのかんがえがうまれ、民間から募ることが非常に困難となり、官からの出資とイギリスの銀行から融資を受けた。
　しかし計画が周到さを欠き、埋蔵量測定の確実な数値がなく、そして鉱脈の長さ、含有率、硫黄を分化することの難易さの数値がない時に、すべての指揮を外国技師にあおぎ、軽率にも規模を拡大し、機器を購入し、掘り進め、開発後はじめて含有量が低いことが明らかとなったという様相である。そのうえ交通が不便であったため、1888年から収支がマイナスであった。その後さまざまな措置を講じるが、結局は閉鎖をまぬがれなかった。[39]
　このように、鉱工業はいずれもが成功にほど遠い状況であった。

名称	主宰者	開業年	閉鎖年	状況
中国近代金属各鉱山簡状況(1881—1894)				
熱河平泉銅鉱山	朱其詔	1881	1886	1881—1883年にわたり、前後して十数万両株を集めたが、1855年精錬方法がまずく、コストをわり、停止。
湖北鶴峰銅鉱山	朱季雲	1882	1883	創業期に、上海の金融危機に遭遇し、株式が集まりにくく、試掘はしたが、1883年に操業停止。
湖北施宜銅鉱山	王輝遠	1882	1884	主催者が職権を乱用したことで、採掘前にすでに損失をだし、操業停止。
熱河承徳三山銀山	李文輝	1882	1885	経営期間中に駐仏戦争がおき、上海で金融が緊迫して出資金が集まらず、経営ができず、1885年損失をだして操業停止。
直隷順徳銅鉱山	宋宝華	1882	1884	采掘後鉱床が貧弱であることが判明、撤退。
安徽池州銅鉱山	楊徳	1883	1891	採掘開始後、コストを割り欠損、営業停止。
湖北長楽銅鉱山	金漵泉	1883	1883	経営されることがなかった。
山東登州鉛鉱山	盛宣懐	1833	1833	経営されることがなかった。
福建石竹山鉛鉱山	丁樅	1885	1888	株の募集を3年するが効果なく、経費が続かず、閉鎖を命ぜられる。
貴州青谿鉄鉱山	潘露	1886	1890	公金20万両近く受け取り、他の部分を株で集める。それまで「鉱山は商人が運営し、販売を官が行う」であった。1890年主催者が病死したことで生産停止。
山東平度金鉱山	李宗岱、林道琚	1885	1889	上海の金融危機のために資金集まらず、イギリスの銀行から借り入れる。鉱脈の調査が不十分のため、収入バランスがくずれ
山東淄川鉛鉱山	徐祝三	1887	1892	埋蔵率が低く、コストが高く、品質が悪いため売れず、生産停止。
雲南銅鉱山	唐炯、胡家禎	1887	1890	資金が集まらず、機械を購入して採掘を始めようとしたが、経費不足のため閉鎖。
熱河土槽子、逼山線銀鉛鉱山	朱其詔	1887	?	公金を借り機械を購入、1889年には約200余人が従事。1894年に張翼に引き継がれ
海南島京州大艶石銅鉱山	張廷鈞	1887	1888	1887資金を集めて機械で採鉱、高架が低く、生産停止。
広東香山天華銀鉱山	何昆山	1888	1890	徐潤、唐廷枢が参与し、外国技師の投資により成果が出るが、巨額資金を集めることができず、生産停止。
広西貴県天平寨銀鉱山	謝光綺?	1889	?	1889年に採掘を計画したが、具体的生産状況は不明。
黒龍江漠河金鉱	李金鏞	1889	1900	優れた金鉱山であったが、立地が悪く機械装備、労働者の雇用に不便であった。1890年主催者死亡により、他者に移る。
吉林天宝山銀山	程光第	1890	1896	1890年開始、機械を部分的に使用。欠損により閉鎖。
山東寧海金鉱	馬建忠	1890	1890	収支の深刻な不均衡。
山東招遠金鉱	李賛勲	1891	1892	収支の深刻な不均衡。
熱河建平金鉱	徐潤	1892	1898	開始時は順調。コストが高すぎて利益が上がらず生産停止。
吉林三姓金鉱	宋春繁	1894	1900	資金の収集、成果も順調であったが、八カ国連合軍の侵入により生産停止。
湖北大冶鉄鉱山	張之洞	1890		1890年開始、すべて官弁。

図—2　　　　　　　　　　　　　　　　　（『洋務運動与中国近代企業』より）

ⅲ　天津電報総局（1880年）

　ついでわれわれは、「自強」のための「求富」、ゆたかになるための基本的条件の1つである電報総局についてみてみよう。

　電報を敷設せよとの要求は、最初外国から出された。1862年ロシア公使バルザックから、ロシアの電報ラインがシベリアにまで引かれてきたときに、国境から北京、天津へと延ばすよう清政府に要求し、1863年にイギリス公使ブルスからも清政府へおなじような敷設要求が出され、清朝政府はいずれも「厳正に拒否」していた。したがって、このころ外国勢力より清朝政府にたいする電報ラインをめぐる要求がどのようになっていくかが注目をあつめていた。李鴻章には「電線（電報）、鉄道という"2つの大事は、かれに益があるが、われには大きな損がある"」ということばがあるように、はじめのころ鉄道とならんで電報敷設には否定的なかんがえをもっていた。

　「1879年、かつて電報ラインは"われわれにとって害となる"としていた李鴻章が認識を変え、天津の魚雷学堂教員バッツ（J.A.Batts）の協力下で、大沽の北塘海口砲台と天津の間に40マイルのラインを引き、その年5月に使用を開始した。」[40]

　「そこで、李鴻章は1880年に防衛業務に電報は利をもたらし、通信に便利であることを理由に天津―上海にラインを引き、南北の通信、連絡が敏捷にできるようにと奏上した。」ロシアから上海までの数万里を電報はわずか1日で連絡できたが、上海―北京間の二千里に6，7日、ときには10日もかかることを指摘した。天津―上海間のライン敷設計画に1880年に許可がだされた。その後1894年までの間に約46452kmが敷設され、費用は合計約二百三万九千二百両、経営形態の面では、官弁と官督商弁の比率はおおよそ76％と圧倒的に官弁が多く、主宰者には李鴻章、盛宣懐、左宗棠、張之洞、曾国荃等の洋務派官僚が圧倒的に多い[41]、という状況であった。

　「経営がたえず発展していく状況下で、企業の利益は蓄積されていった。（投資に関する）規定にもとづけば、株主は官からの利息10％のほかに、株式配当も受けることができるようになっていた。電報局がはじめて増資をしたとき、旧株券百両ごとに官からの利息がまだ支払われていないものも含めて、新

株券二百元に交換されたが、株式配当として計算すれば約30％以上となった。ここには新投資がやりやすくする刺激としての要素が明らかに含まれている。電報局のように高率の株式利息を負担できたのは、当時他の官督商弁企業では数少ないものであった。その後十年の株式配当は、おおよそ7％の水準が続き、ある年にはかなり高い配当率、たとえば1894年には二十八万五千余元が、1895年には二十七万四千元が支払われ、株式配当率では30％以上であり、これは当時の新式企業のなかでもかなりまれなことであった。」[42]

「李鴻章は、電報事業の創業にあたってはじめは利益追求的な商弁のモデルを採用した。しかし間もなく、商弁を官督商弁に改めた。商人にはつらいところがあった。1つは、電報のためには長い距離の土地が必要で、政府が路線の順調な確保を保証しなければできないことであり、二つは、電報が通る場所の多くは軍事の要地であり、商務にとってあまり用途はないことである。」[43] しかし電報事業は、洋務事業のなかではめずらしく多額の利益をもたらしたといわれている。

ⅳ 上海機器織布局（1890年）

「中国における近代綿紡織業は、外国勢力が手工綿紡織業を浸食し、破壊していく過程でうまれたものである。」[44]

『洋務運動与中国近代企業』の叙述によれば、次のような状況であった。

アヘン戦争直前の中英貿易のうち、輸入額でいえば機械による綿織物は、阿片55.2％、綿花20％についで、わずか8.4％にすぎなかった。しかし1867年になると、阿片に次いで2位の21％を占めるようになり、1885年には、35.7％を占めて輸入第一位となった。いずれも輸入総額が急速に増加するなかのことである。[45]

50年代から80年代にかけて、「外国の綿紡織が中国市場を占領していく過程で、中国のいくらかの買弁勢力と結びついた外国侵略分子は、中国の労働力が特に低廉であるとの現象にも注意していた。かれらは当地の原料と廉価な労働力を利用して、中国で直接工場を建て、製造することを考えた。60年代以降、上海、広州の2つの地方で数回にわたって侵略分子がこのような非合法活

動をおこなった。」[46] そして、1865年にイギリス資本と買弁とによって蘇州河畔に紡織工場が建てられ、1868年Glove&CO.が機械による織布会社をつくり、中国商人から公然と投資を募った。1871年にアメリカのヴルーマン(Vrooman)が、買弁と合資で小型の紡織工場を建設する、等々が続いた。

このようななかで、「"外国資本の利益を分け"て"強きにかこつけて富を追う"洋務派官僚は、同治末、光緒初期に行われていた"海防条議"のなかで、新式企業を創設して"軍備"の来源とし、清王朝の財政困難を解消させよう。」[47] として、丁日昌、李鴻章等が、清朝へ機械織布、炭鉱、鉄鉱山を開設し、民間資本での汽船企業をつくるよう奏上し、各地の巡撫たちも、直接、間接に新たな企業を設立する問題に関わってきて、機械生産の近代的綿紡績業が開始される条件が醸成された。

このような状況のなかで上海機器織布局は、中国はじめての機械による綿紡織工場として1876年に計画され、1890年に生産を開始した。「イギリスとアメリカから機械を購入し、綿繰り、紡織、紡布はそれぞれ揃っており、紡錘は三千五百個、織機五百三十台、雇用した労働者は約四千名であった。営業はうまくいき、利潤は多かった。1893年、失火により全損した。」[48]

v 蘭州機械織呢局 (蘭州機械毛織物局の意味　1880年)

この製造局を例にして、毛織物工業のようすにも少しふれたい。清朝政府がはじめて手がけた官営の毛織物工場であり、1878年、陝甘(陝西省と甘粛省)総督である左宗棠が提唱し、1880年創設されたものであった。機械はドイツから、技師もドイツから招請された。1880年操業が開始され、規模は大きく、設備は羊毛の洗浄機3台、紡錘1080個、羊毛織機20台、二十四馬力のものと三十二馬力の蒸気エンジンがそれぞれ一台ずつ設置されていた。この製造局は日産10匹から20匹であった。しかし設置された機械の性能が当地産の原料と適合していなかったことから、製品の質が悪く、コストが高くなり、利益をあげることは難しかった。1883年ボイラー破裂により操業が停止された。その後洋砲局に変えられ、また織呢局に戻る等の曲折をへて、1915年に営業が停止される。[49]

vi 唐山胥各荘鉄路（1881年）

　中国における鉄道敷設は、列強による強い要望・圧力があったが、1863年ころまでは拒否されていた。圧力がしだいにつよまり、ついに外国人の手によって鉄道が開設された。中国で最初に建設された鉄道には、次のようなエピソードがのこされている。道路をつくるという名目の欺瞞的手段によって手に入れた土地に、1874年イギリス人によって呉淞鉄路が着工され、1876年7月3日に開業された。兵士が圧死する事故がおき、沿線住民による猛烈な反対運動が繰り広げられた。1876年の10月には、政府がその鉄道を二十八万五千両で買い取り、翌年撤去したという事件である。

　洋務派を含めた李鴻章等の上層部は、鉄道は不要という意見であったが、軍事的重要性を認識し、必要との意見にしだいに変化していき、炭鉱から石炭を運び出す手段として鉄道建設の必要性が説かれ、中国が自ら建設した最初の鉄道は、唐山から胥各荘までの軽便鉄道、唐山胥各荘鉄道として1879年に許可され、1881年に開通した。全長11km（15里とも、18里ともいわれる）のものである。[50]

　鉄道にたいする頑固派の反対により、この鉄道建設はかなり曲折をたどった。鉄道ではなく運河によって石炭を積み出すべしとの意見から、ひとたび決定された皇帝の命令が取り消され、そして運河をつくる過程で岩盤が固いため不可能であることがわかると、ふたたびもとの鉄道敷設が許可されたという。そして、1881年6月に国際標準の軌道で完成された。はじめはロバによって引く形式であったが、1882年には鉱山で廃棄されていたボイラーを利用してつくられた機関車（「中国のロケット号」といわれる）がつかわれたことで、唐山から胥各荘までの鉄道は、中国ではじめて機関車をつかった鉄道でもあった。

　中国における鉄道建設と洋務派をめぐる関係について、以下のことばが非常によい総括といえるであろう。

　「洋務派が鉄道を建設するようになった歴史は、近代社会の保守勢力が社会の進歩と革新を阻止しようとする力がどのようなものであったかを反映した典型的なものである。旧制度がつくりあげた陳腐な観念、社会的気風のいずれ

も、新しい事物へのかたくなな抵抗であり、その破壊力は軽視することのできないものであった。鉄道は旧い経済社会機構を破壊する強い要素であり、旧世界をなによりも大きく揺り動かすとかんがえ、したがって必死になった守旧派の人たちは、さまざまな形態の抵抗をこころみた。このことは、李鴻章までもが"いまはその時期にあらず、資金のてだてはむずかしく、まだ軽々しく上奏することはできない"として、鉄道創設を数十年後までのばそうと主張したほどであった。一挙手一投足が重要な影響をおよぼす李鴻章にしてこのありさまであり、中国ではまだ当時だれが鉄道を発展させる重要任務を負うことになるか分からなかった。李鴻章が奕譞という満州貴族と結びつくことによって、鉄道ははじめて、反対の声のなかで困難な一歩を踏みだすことができたのである。しかし、すくなくとも2つの結果がもたらされた。一つは、鉄道建設が70年代から80年代の末にまで遅れてしまったこと。二つは、甲午日中戦争の前に洋務派が力をいれてすすめた鉄道建設活動のうち、成功したのはわずか台湾鉄道と、津沽、塘沽および関東路の、総延長三百六十四.二七kmにすぎなかったことである。したがって中国は、鉄道建設面では、列強と奪い合う時期を逸してしまい、その結果トラが嚙み、クジラが飲み込むように列強に鉄道路線の権益をむしりとられていったのである。」[51]

　中国において甲午中日戦争（日清戦争）後この鉄道権益が、日本を含む列強各国によりむしり取られていく過程は、国家主権侵害の象徴的なものであったことは、周知のとおりである。

第四節　洋務運動における第三段階について

　第三段階は、1886年から1894年までの時期である。製鉄工場の建設、北洋海軍の建軍、そして甲午中日戦争（日清戦争）での敗戦で終わる時期である。この時期に行われた事業について述べよう。

i 天津鉄路公司（1887年）

天津鉄路公司、またの名を津沽鉄路公司、そしてこれは外国人のいういわゆる中国鉄路公司ともいわれる。

1886年に唐山から胥各荘までの鉄道が蘆台まで32km延長され、そして1887年には、奕譞が李鴻章のため、東は山海関にまでの延長、西は天津と北京までの延長を上奏し、許可された。李鴻章は、この延長のための事業を天津鉄路公司と名付けた。李鴻章は百万両の資金を集めて官商合弁の形態にしようとしたが、資金を募集しても十分に集まらず、天津の海防に関わる機関や、さらにイギリス資本、ドイツの銀行から借り入れざるをえなかった。かくして1888年4月に蘆台から塘沽までの鉄道が、8月には引き続き天津までが完成し、当時北洋鉄路といわれた。これが完成した後李鴻章は、天津から北京へと鉄道を延長すれば大きな利益があがるとの考えから、まず通州（北京まで約6km）までの建築を計画した。[52]

この時期に、鉄道敷設にたいする頑固派の反対にであうことになる。その頑固派の意見には、以下の3つがあったという。「第一は、鉄道を敷設することは、敵に資することである。……。第二は、鉄道の敷設は、必ず民に憂いをもたらす。……。第三は、鉄道は民の生活を奪う。……。」[53]

結局、甲午日中戦争（日清戦争）までに中国で敷設された鉄道の距離は、総計で四百km以下にすぎず、別の表現をすれば、「洋務運動期間中に、洋務派が敷設した鉄道は、わずか四百km近い距離にしかすぎなかった。」[54]ということになる。

ii 北洋艦隊整備（1887年）

北洋艦隊の整備は、産業・企業を興したということではないが、洋務運動の重要部分を構成している。

「1874年（同治13年）総理衙門で海防計画を論議したとき、"まず北洋に海軍を創設する"よう提起された。1875年（光緒元年）李鴻章は北洋の海防を監督するよう命ぜられ、"いま急いで海軍をつくらんとすれば、外国に注文しなければならない"とかんがえた。その年からイギリス、ドイツ両国に軍

艦を注文し、購入した。1876年からそれぞれイギリス、フランス各国へ海軍の学習のため続々と学生が派遣された。1879年天津で海軍営務処が設立され、海軍に関する事務処理がなされた。1880年天津で水師学堂が設立された。1881年から前後して旅順と威海衛で軍港が建設された。1882年から前後してイギリス人ランゲ、ドイツ人シベリンを招請し、主として海軍の訓練をさせた。中仏戦争後、李鴻章は海軍衙門を利用して海防の名義をととのえ、外国からの艦船購入を加速し、北洋海軍を拡充させた。同時に、イギリス、ドイツ両国もまた、中国海軍への支配権の争奪をいっそう強めた。1887年以後には、清朝支配階級の矛盾が先鋭となり、李鴻章は西大后へこびをうり、海軍経費を頤和園建築にまわすことを同意し、それからは新艦が加わることはなかった。」[55]

北洋艦隊の全容は、「全部で軍艦二十五隻、士官・兵士の数四千余人であった。全ての艦船のなかでわずか鉄甲艦が2隻（定遠、鎮遠）、巡洋艦7隻が"大洋を疾駆できる"にすぎなかった。主要な艦艇はいずれもイギリス、ドイツ両国から購入したものであり、わずか5隻が福州船政局で製造されたにすぎない。提督は淮軍の将軍丁汝昌が任命され、威海衛に駐留した。軍事訓練はイギリス人、ドイツ人によって操縦の訓練がなされた。」[56]

甲午日中戦争で日本に敗れたことで、外国の知識を道具として学ぶ面で洋務運動は失敗したとして、運動そのものも収束を迎える。

ⅲ　湖北煉鉄廠（1890年）

湖北煉鉄廠は、漢陽制鉄局ともいい、後の漢陽鋼鉄廠である。1890年（光緒16年）に湖広総督張之洞が創設した中国はじめての近代的鉄鋼工業である。

「本来1889年（光緒15年）、張之洞がまだ両広総督の任にあったときに、鉄鋼工業建設が計画されていた。」しかし、「1889年末、張之洞が湖広総督に移動したことで、まず広東で計画していた銃・砲工場を湖北漢陽大別山の下に移し、湖北銃・砲廠（漢陽平工廠の前身）を成立させた。銃・砲工廠の機械

は、ドイツに派遣された大臣洪鈞に委託してベルリンリブ機械工場から購入させ、新式のモーゼル機関銃およびクルップ臼砲を鋳造することができた。1890年9月（光緒16年8月）、張之洞はさらに広東で創設を計画していた錬鉄廠を湖北にもってきて、湖北錬鉄廠を打ち建て、それを銃・砲工場と結びつけるために、やはり大別山の下にもっていった。……。工場でつかわれている機械はイギリスから購入され、……毎日百トンの銃鉄を生産することができた。鉄の精錬廠は建設が続けられ、1893年10月になってはじめて全てが完成する。」[57]

この工場建設にかかった費用は、二百四十六万八千両と計画されていたが、「1890年から1896年の前後6、7年間にかかった費用は、全部で五百数十万両」[58] であったといわれる。

この工場の経営形態について、若干複雑であるが、紹介したい。

非常に巨大な経費がかかったものであり、「李鴻章が外国から購入する鉄甲船の費用にひけをとらぬくらいであった」という。「もともと二百四十六万八千余両とされていたが、清朝政府が出した額は二百万両、その後機械を買い足したことで三十二万四千余両であった。実際に使われた経費ははじめの予定数字をはるかに越え、さらに多くの費用が浪費され、過大な欠損をだし、維持できないところまでいった。1890年の創業日から1896年までの6、7年間で"毎年さまざまな項目で使用されたお金は、前後合計で五百数十万両"であった。張之洞は資金を算段できないだけでなく、最終的にはせいぜい淮系の買弁である盛宣懐に吸収させて鉄道と兼業することをゆるし、湖北煉鉄廠を官弁から商弁に改めることしかできず、実際には盛宣懐に引き継がせてやった。」[59]

そして、張之洞がこの工場を設立した目的は、「洋鉄の輸入増加に鑑みたのであるが、根本的には、やはり軍事に着目したこと」[60] であったという。

この時期に創設された洋務企業には、さらに湖北織布局（1890年）華新紡織新局（1891年）、および華盛機器紡織総廠があるが、本書主旨からは遠くなることから、これ以上述べない。

第五節　洋務運動と教育制度

　洋務運動は、軍事、政治、経済、文化・教育等の広範な側面をもっており、当然教育面でも大きな影響をおよぼした。われわれはすでに経済、軍事にふれ、政治にも無関係ではなかった。これより洋務運動における重要な要素の1つである教育にふれよう。洋務運動を推進するには新たな教育制度を導入することが必要であったが、洋務運動にさきだつ清朝での教育制度をまず概観しよう。

1．洋務運動にさきだつ時期の教育制度

　洋務運動にさきだつ時期の清朝における教育制度は、科挙、儒教と密接に結びついたものであった。ほとんどが科挙合格をめざすための教育制度であったといってよいようである。そしてその教育制度は、庶民の教育とはきわめて希薄な関係しかなかった。

　われわれはこれより、朱従兵著『百年中国史話――教育史話』[61]にもとづいて、洋務運動にさきだつ時代における教育制度の概要をみてみよう。長くなるが、引用によって説明したい。

　清朝には、中央から地方にいたるまでさまざまな種類の学校が設けられていた。中央では国子監、宗学、覚羅学、八旗官学、景山学、咸安宮官学、算学およびロシア語館等があった。国子監は清朝の最高学府であり、宗学は清朝宗室（皇帝一族のこと）子弟のためだけの学校であり、覚羅学は清朝覚羅氏子弟のための学校であった。そして、八旗官学、景山官学、そして咸安宮官学のいずれも、八旗（満州族）の子弟のために設立された旗学で、算学は数学のできる人材養成のための学校、そしてロシア語館はロシア語のできる人材を養成のための学校であった。

地方では、行政区にもとづいて府学、州学、県学が設立され、軍隊編制にもとづく衛学も設立された。郷鎮地区（村と町）には社学が、身寄りのない児童と少数民族の子弟のためには義学が、さらに特別に雲南で井学が設立されていた。そのうち府学、州学、県学そして衛学は、全体で儒学と総称されていた。

清朝の学校教育は、順治帝（じゅんじてい）、康熙帝（こうきてい）、雍正帝（ようせいてい）、乾隆帝（けんりゅうてい）の清朝最盛期にはかなり繁栄していたが、嘉慶帝（かけいてい）、道光帝（どうこうてい）以降になるとおとろえをみせ、しだいに有名無実なものとなっていった。教師、学生、そして学校としての組織も形式のみのもので、すべて科挙試験準備が中心で、学生の主観的能動性が尊重されることはなかったといわれる。

民間に、子どもたちのためのさまざまな塾があり、清代の子どもたちへの初等教育塾（中国語では「蒙学」という）は、明代のものを基礎としており、それらには３種類があった。

１つは、教館または坐館といわれ、これは金持ちが教師を招請して、家庭で子弟の初等教育をするものであり、

２つは、家塾または私塾といわれ、これは教師が自分の家で生徒を教える初等教育塾であり、

３つは、義学または義塾といわれ、これは地方の宗族が設置する初等教育塾である。

さらにもう１つは、貧しい家庭が１つの村で、またはいくつかの村で連合して開設する初等教育塾で、それは村塾と呼ばれた。

これらの初等教育塾は、さらに高低２つのレベルに分かれ、低いレベルのものはもっぱら児童を教え、高いレベルのものはもっぱら成人を教え、これは経館ともいわれた。

初等教育塾は清代の教育に最大の影響をあたえた。士大夫階層の子弟が科挙試験準備にはいる前の予備的なものであり、また一般的職業に従事する勤労人民の早期基礎教育をうける場所でもあったといわれた。初等教育塾の課程は、一般的には本を読み・暗唱し、字の意味を習うことの２種類であり、教育方法もまた、読むことと暗記することだけであり、単調で、そして味気ないものであったといわれる。

教育活動と学術研究とが結合された高等教育機構である唐末、五代から続く書院は、1773年以後清朝政府の書院にたいする態度が厳しく規制・監督するようになったことから、書院の数は2000余個所にたっした。

清代の書院は4種類にわかれる。

1つは、明代の書院の伝統を引き継ぎ、理学（儒学の哲学思想）を講ずることを主とするもの。

2つは、博習経史詞章（博識で、古典、歴史、文学、文章を学ぶ）ことを主とするもの。

3つは、受験を主とするもので、書院運営の目的は科挙試験であり、一般的に書院といえばすべてこの類のものである。

4つは、"経世致用（経世を実用に供する）"学の学習を主とし、理学とお手本の学習に反対するもので、この書院が書院発展の新しい趨勢を反映していた。

「科挙の試験はインテリゲンチュアを籠絡する手段であるばかりでなく、人々の思想を閉じこめておく有効な方法である。清代の科挙制度は、明代の制度を踏襲し、依然として八股文を採用していた。八股文は、1487年にはじめられ、格式を厳格に重んじた文体で、どの篇も破題、承題、起講、起股、虚股、中股、後股、束股の八つの部分に分かれており、八股文の中では、必ず対偶を運用しなければならないばかりでなく、句の長短、字の煩雑なものと単純なもの、そして声調、緩急を互いに対立させて文章にしていかなければならず、ことばは古人の語気をつかい、聖人に依拠して意見を述べなければならない。」[62) というものであった。

このようにしてみると、アヘン戦争以前の教育制度は、科挙に及第するためのものであり、知識階級を対象とし、教えていたことは儒学を主とするものであり、庶民が生活していく上で必要な知識を習得するためのものではけっしてなかったといえる。

2. 新式教育のはじまり

洋務派の人たちは、前述の旧教育制度をすでに役に立たないものであるとかんがえ、運動の初期から、西欧の軍事、外交を理解し、生産技術をもつ人材を養成する必要性を感じとり、軍事工業創設が開始されるとほとんど同時の1862年から、各地に前後して外国語、軍事技術および自然科学を教育する「新式学堂」がつくられていった。これより、それらの学校を紹介し、簡単な説明をくわえよう。

① 外国語翻訳のための学校

i 京師同文館 (北京同文館) (1862年)

総理各国事務衙門の奕訢等の上奏によってつくられた。その理由は、外国との交渉には、相手国の国情を知らなければならず、国情を知ろうとすれば、その国の言語・文字を知らないわけにはいかないということであった。そこで北京に同文館を設立し、外交と通訳のための人員を養成するよう要求し、あわせて学生をどこからつれてくるか、教師の招請、試験方法、成業後の任用、および経費の来源と使用法等々について細かく上奏した。

設立時には、もとロシア語館を改めた英語館しかなく、学生は10名にすぎなかった。翌年ロシア語館増設が上奏され、1872年にドイツ語館が、そして甲午中日戦争（日清戦争）後の1896年、さらに東文館（日本語館）が増設された。

外国語のほか、1866年には、「西方各国の科学技術の発展と、軍事、武器を創造していく必要性に照らして」、奕訢等はさらに算学館を増設し、天文、算学、西欧列強諸国がもつ製法技術を学ばせるよう上奏した。[63]

「創設当初の学生はわずか10名で、のちにフランス語館、ロシア語館が増設されても、やはりそれぞれ10名ずつ、以後いくらかの増加はあったが、光緒十三年（1887年）には学生が120名にたっしたが、これがもっとも多い数字であり、これより同文館が廃止されるまでずっとこれを越えることはなかっ

た。」

「学生は八旗の人たち（満州族の８つの部族集団）で、……15歳前後の者」であり、後には試験に合格することが条件となり、「算学館が設立された後には、さまざまな地方からもくるようになり、学生の水準も概して高くなっていった。」また「交渉事が多くなり、日々多くの人材が必要となった」ことから、1895年には、イギリス、フランス、ロシア、ドイツの四カ国へそれぞれ４名の学生が「実学をもとめ、才能を琢磨し、見聞をひろめ、気風をひろめる」ことを目的として、言葉・文字、算法を学ぶためにそれぞれ３年間派遣された。

「同文館の教師（当時は教習といわれた）は、もとの計画（上奏時の……訳注）にもとづいて、創業初期には外国人を招聘していたが、しだいに中国人にかえていった。のちに講義科目が拡充されると、大部分の分野で、中国人で講義をできる人がいない場合でなければ外籍教師を引き続き招請せず、また中国語文、算学の２分野だけは中国人教師がそれにあたった。」[64]

同文館があたえた影響として、次にあげる３つがあるといわれる。

「第一は、外交にあたえた影響である。同文館の歴史は、中国における近代最初の外交活動と関係したものであり、同文館学生の一部は、当時の外交活動でよく通訳にあたっており、外事活動に参与していた。のちに、同文館を卒業した学生は外交使節や、外交の重任をになった。

第二は、中国の教育にあたえた影響である。同文館は、中国近代においてもっともはやく打ち建てられた資本主義教育の新式学堂であり、中国２千余年の封建教育モデルを打破し、中国新教育の胚芽であった。同文館が打ち建てられたことで、言葉・文章を主とする伝統教育の内容を変え、近代的科学技術の知識も正式の課程にとりいれた。

最後は、中国の学術思想にあたえた影響である。同治六年（1867年）に算学館が成立してから、同文館の教学内容に自然科学の知識も含まれるようになった。同文館の教学計画によれば、外国語の学習は、西方書籍の翻訳および外交文献と緊密に結びついており、規定にもとづけば、五学年から翻訳練習がはじまり、それらはいずれも外国語学習にとって必修科目であった。……同文

館で訳された翻訳書の範囲は非常に広く、経済学、万国公法、地理、化学、海防、医薬、生理等の方面にわたり、……。西方の科学技術書の翻訳と伝播は、陳腐な伝統的観念に衝撃をあたえ、中国人民の学術思想を改め、伝統文化の地位を新たに考え直させ、科学技術の価値をあらためて考えさせた。……事実が証明しているように、自強を図ろうとするならば、実事をおこなわなければならず、実際の技能を重視しないわけにはいかず、社会の利益を基準として事の成否をはからなければならず、このように認識することが、ついには封建の陳腐な価値観を転換させ、中国の学術を実践に合致するものに向かわせ、学術思想を世界の学術思想の発展とテンポをあわせるようにさせた。」[65]

ⅱ 上海広方言館 (1863年)

江蘇巡撫李鴻章の上奏により開設される。上海と広東は、外国人が集まるところであり、外国と交渉するためには外国語の通訳が必要となる。そこで、北京の同文館にならって上海にも外国語の学館を建てるということであった。

学生は14歳以下で資質聡明、しっかりとした性質をもつ児童40名、イギリス人教員2名を招聘し、中国語教員4名が手分けして経学、史学、算学、詞学を教え、品格、学識のいずれも高い紳士を教員トップに据え、ヨーロッパのことば、文章に通じた理事4人を招請し、教学の助けとした。教学内容は、外国語と、さらに経学、史学、算学、詞学であった。

1869年に江南制造総局が開設した学堂と合併し、名称は同じだが、教学内容に自然科学方面が強化された。[66]

江南制造総局がそれまで翻訳に力をいれていたことから、以後そこを核心とする翻訳館がつくられ、1868～1904年の間に、ヨーロッパ書籍159種、1075巻を翻訳した。

ⅲ 広東同文館 (1864年)

李鴻章の上諭により設立された。最初3名の中国人教員、1名のアメリカ人教員からはじめる。学生は、広州の満族、漢族の子弟で、資質聡明であるものとし、20歳前後の20名を入館させ、3年制であった。成業後は各衙門(役

第二章　洋務運動について　99

所）で翻訳官となった。[67]

　なお、外国語翻訳のための学校は、これらのほかさらに、以下にあげるものがある。
　すなわち、ⅳ新彊俄文館（1887年ロシア語）、ⅴ台湾西学館（1888年）、ⅵ琿春俄文書院（1889年ロシア語）、ⅶ湖北自強学堂（1893年）である。

　② 軍事に関する学校
　　ⅰ　福建船政学堂（または福州船政学堂、さらに求是堂芸局ともいう）（1866年）
　『中国教育通史』第四巻では、次のようにいう。閩浙総督である左宗棠が馬尾造船工場に船政学堂を付設するよう上奏したことからはじまる。かれは、「中国が国防をつき固めようとするならば、水軍を整えなければならず、水軍を整えるならば、造船工場を設立して船をつくらなければならない。船をつくるだけでなく、ヨーロッパの科学技術も学ばなければならない。」とかんがえた。そして学堂開設の目的は、少数の人たちを造船に従事させ、操縦に従事させることだけではなく、より重要なことは、「中国人の技術を日々進歩させ、製造、操縦からさまざまなものを教わり、数限りなく、"西方を中国に敷衍させる"ようにする」ことをあげている。
　聡明ですぐれた性質をもつ児童を選んで入学させる。学堂は前堂と後堂の２つに分け、前堂（またの名をフランス学堂という）ではフランス語を学ばせ、さらに造船技術の訓練をする、そして後堂（またの名をイギリス学堂という）では英語を学ばせ、さらに操縦技術を学ばせる。専門の課程を学ばせるほか、さらに『聖諭広訓』、『孝経』を合わせて学ばせ、「中学為体、西学為用（中国の学問を中心とし、西洋の学問を道具とする）」の思想を体現しようとした。学修年限は５年間で、在学期間には食費、医療等は厚遇され、卒業後は水軍（海軍）に任官するか、留学をさせることになっていた。この当時ここが学生募集をすることは、優秀な子どもたちにとって科挙に合格することの方がずっと利点があるとかんがえる伝統のため、まだ難しかったといわれている。そこで、「船政局は、学生を募集することが難しいと知っており、だれも試験を受

けにこないのではないかとおそれ、優遇条件というエサをだす心くばりをして、合格した学生すべては、食費免除、そのほか毎月銀4両支給して家計の援助とし、そして3ヶ月毎に試験を実施し、成績が一番の者には銀10元をだした。5年後卒業すれば、清国政府から生活できる臨時の職務があたえられ、さらに外国籍の労働者・職員にてらした俸給が支給される。」という条件が提示されていた。[68]

ⅱ 天津水師学堂（1880年）

直隷総督李鴻章は、北洋艦隊がさらに鉄甲快速船の購入をすすめていくにあたり、汽船・大砲等を管理する人員が必要となった。かつて北洋艦隊は海軍要員をすべて福建船政学堂から引き抜いてきていたが、「南北では気候風土がことなり、その地方ごとに人材を養成するべきである」とのことから、天津機器局で水師学堂を建設するよう建議し、1881年に落成して、学生募集活動を開始した。これは中国最初の海軍兵学校である。

操縦科と汽船管理科に分かれており、いずれも英語で講義がなされた。学生は良家の子弟で、13歳以上17歳以下であり、すでに儒学教育を受けていなければならなかった。3クラスに分けられ、文章に通じ、儒学についての読書数が多い者は第1班、文章がまだうまく書けないが、読書数がすでに多い者が第2班、読書数が少なく、文章がまだ書けないが、資質・性格のすぐれた者は第3班であった。学生数は最高で120名であった。学修年限は5年、科目は、イギリス語言・文字、地理、算学、幾何、代数等、操縦諸法、天体観測、科学原理等であった。さらに1年間の船上実習と春、秋2回の試験があった。在学中は、食費のほか、第2、第3班の者には被服費と、さらに公費による医療制度が実施されていた。[69]

ⅲ 江南水師学堂（または南京水師学堂）（1890年）

イギリスにおける水師学堂の方法にならって、操縦科と汽船管理科に分けられていた。そして学生120名、年齢は13歳から20歳以下で、これまで習得していた策論（封建時代の政治文書の1種）、英語等にもとづいて班分けがな

された。それぞれの専門科目以外に伝統的書籍も講じられた。五年制で、在学期間には、食費、書籍・文具、医療費等いずれも学堂によって準備された。[70]

このほか、次のような軍事学校が設けられた。
上海江南制造局操砲学堂（1874年）広東実学館（1880年4月）、天津武備学堂（1885年）、広東黄埔魚雷学堂（1886年）、北京昆明湖水師学堂（1886年）、広東水師学堂（1887年）、山東威海衛水師学堂（1889年）、奉天旅順口魚雷学堂（1890年）、山東煙台海軍学堂（1894年）、湖北武備学堂（1896年）[71]

またさらに、洋務企業の開設・展開にともない、関係する科学および技術に関する学校が開設されたが、詳しい内容は省き、開設年度順にその名称を紹介したい。
上海機器学堂（1867年）、福州電報学堂（1876年）、天津電報学堂（1880年）、上海電報学堂（1882年）、湖北算術学堂（1891年）、天津医学堂（1894年）、唐山鉄道工程学院（1890年）、山海関鉄路学堂（1895年）等である。[72]

3．留学生の派遣について

日本人にとって中国は学ぶべき対象であり、日本の歴史はじまって以来両国関係のほとんどが、中国から学ぶことであった。遣唐使をはじめとして、多くの人たちが学びにいき、また多くの人たちが教えるため、中国文化を伝えるために来日した。したがって日本は、政治、経済、文化等広範な面で中国の影響下にあったといえる。
西欧列強（西欧資本主義勢力）が東アジアに姿をあらわすころから、この様相は一変した。1840年に勃発したアヘン戦争の敗戦により、この勢力は伝統的封建帝国清朝にとってそれまで経験してきた方法では対応できないことがあきらかとなった。西欧列強にいかに対応するかの問題がうまれた。そして、「師夷長技（外国のすぐれた技を師とする）」、「中体西用（中国文化を根幹とし、

西洋文化を道具となす）」の思想がうまれ、そのかんがえの下で、皇帝を頂点とする封建体制・封建制度・封建文化の維持・擁護を前提として、西欧の技術をとりいれるやり方にいきつく。洋務運動は、「西欧の知識を道具として取り入れる」ため、新しい教育制度を導入し、外交のための人材、技術導入、文献翻訳のための人材を養成することも同時にはじめられた。ここでわれわれは、洋務運動時期に限定して、中国人留学生がアメリカ、西欧諸国へと派遣された状況を概観したい。

　日本もまた、この時期より少し前の1741年野呂元丈『阿蘭本草和解』の出版、1774年の『解体新書』の発刊、1776年平賀源内のエレキテル、1786年林子平の『海国兵談』等から、学ぶ対象が中国からしだいに西欧諸国に変わっていき、開国後急激に留学生を派遣しはじめた。しかし、詳細にみていくと、その差異はかなりあきらかなものである。

　『中華留学名人辞典』「序」では、洋務運動時期における留学の意義を、次のように述べている。

　「留学は古くからあった。しかし、真に厳格な近代的意義での留学制度は、中国では19世紀後半、つまり洋務運動の期間からはじめられた。その時期は、2度にわたるアヘン戦争の失敗と、農民が決起した革命戦争からうけた打撃によって、中国の地主階級内部が分化し、清朝支配をいかにして維持・擁護するかの問題で、ことなる政治的傾向が存在していた。これが歴史上いわれる、いわゆる頑固派と洋務派との争いである。洋務派は、封建支配を保持することを前提として、西方資本主義の近代的生産をみならうことで、"図強（強くなることをめざす）"と"求富（ゆたかになることをめざす）"との目的に到達しようと主張し、そこから10年（ママ）にわたって続く西欧を学習する躍動的な近代化運動が開始された。このような歴史的背景の下で、洋務運動の首領である曾国藩、李鴻章は、まずアメリカで学習する留学生を派遣した。」[73]

①児童（幼童）のアメリカへの派遣

　近代中国はじめての留学生派遣は、洋務派によりアメリカへの児童集団派遣

第二章　洋務運動について　103

の形態をとった。
　1871年に清朝政府は、曾国藩の「聡明ですぐれた才能をもつ幼童（児童）を西欧各国の書院（学校）へ派遣し、軍政、船政、数学、諸製造学を学ばせ、約10年余の成学後に帰国させ、西洋の優れた技をすべて中国に習熟させる、そうすればしだいに自強をはかることができるようになるだけでなく、……」[74]との奏上により、はじめられた。
　清朝政府は、上海の山東路にアメリカ派遣留学児童のための学校である予備学堂、またの名は出洋局をもうけた。曾国藩の幕僚劉翰清が校長で、それに副校長1名、中国語教員3名、英語教員3名で構成された。その学校に入学し、アメリカへ派遣される児童の条件は、本人、家柄ともに潔白であり、財産家の保証人を必要とし、身体壮健であることであった。試験は、中国文の読み書きと、英語の基礎であり、英語をまだ学んでいない者には試験を免除する場合もあった。派遣されるまでの1年間ここで学んだ。学生募集にあたって、科挙試験に合格する利益と比較するかんがえがまだ強かったため、新たな方向をめざすこのこころみでは、希望者を集めることがむずかしかったといわれている。
　1872年8月11日、陳蘭彬（ちんらんひん）を監督に、近代中国はじめての留学生であり、エール大学卒業生である容閎（ようこう）を副とした（かれは同行せず、受け入れ準備のため先行していた）、清朝によるアメリカ派遣留学生第一陣30名の児童がサンフランシスコに向けて出発した。まずは6日間かけて日本の横浜に着き、それから香港からアメリカに向かう「中国号」に乗り換え、さらに28日間かけて太平洋を横断した。サンフランシスコに到着後、6日6夜の間汽車に乗り、西部開拓のさなかにあったアメリカ大陸を横断して、スプリングフィールドについた。「アメリカの人たちは、中国伝統の長いあわせの服に、ながい袖のついた上着、黒の緞子の帽子をかぶり、あたまのうしろにはおそろいの長い弁髪をさげた児童たちを、好奇な目で追って"中国の女の子だ"とさけんだ」[75]という。
　アメリカでの学習が進むにつれて、「中体西用」の思想との確執がうまれた。「かれら（洋務派）の（留学生を派遣するにあたっての）主観的意図は、留学生にアメリカの先進的な科学技術を掌握させることであって、封建主義の軌道

をはずれてはならず、"中学為体、西学為用（中国の学問を中心におき、西洋の学問を道具とする）"ことであった。このためかれらは、留学生が西学を学習すると同時に、"中学（中国の学問）"も講義しなければならないと規定し、孝経、小学、五経および封建の典籍をまじめに教えた。はじめ児童（留学生）たちはこれらの規定を順守していたが、時間が推移するにしたがって、アメリカ・ブルジョア階級思想と社会習俗がしだいに児童たちのあたまの中にはいりこみ、知らず知らずのうちに感化され、かれらは清国朝廷の煩瑣な封建的礼節やあじけない封建的教条に反感の感情をもちはじめた。」[76) そして、キリスト教に入信する者や弁髪を切る者がでて、そのために官費留学生の身分を剥奪されるものすらでてきた。

留学生監督たちは、洋務派に属するとはいえ伝統的官僚であり、陳蘭彬をはじめとする若干の人たちと、エール大学を卒業した容閎とでは当然のことながら見解がことなり、留学中に留学生が受けたアメリカ（ヨーロッパ）文化の影響についての判断基準にちがいがでてきた。つまりあくまで中国文化を文字通り中心とすることにこだわる人と、学生たちがキリスト教に入信すること、弁髪を切ること、洋服を着ること等のアメリカ（ヨーロッパ）文化に入り込んでいくことの解釈をめぐって対立し、結局容閎がその原因であるとされて、以降留学について遠ざけられ、ついに1881年清国政府はアメリカ留学生全員の撤収を決定した。

ここに、この児童たちのアメリカ留学の概要をまとめてみよう。
第一次（1872年）30名、10歳（2名）〜16歳（1名）、平均13歳
第二次（1873年）29名、11歳（3名）〜14歳（10名）、平均13歳
第三次（1874年）30名、10歳（4名）〜14歳（2名）、平均12歳
第四次（1875年）30名、10歳（1名）〜15歳（1名）平均12歳
そして、帰国後の職業分布表（留学教育）には、
国務総理　1名　外交部長　2名　公使　2名　外交官　12名　海軍元帥　2名
海軍士官　14名　軍医　4名　税務職員　1名　税関職員　2名　教師3名
在米死去　3名　鉄道局長　3名　鉄道官僚　5名　鉄道技師　6名

冶金・鉱山技師　9名　電報局官僚　16名　商業経営　8名　政界　3名
医師　3名　弁護士　1名　新聞界　2名　不詳　4名　計106名[77]

　このときの留学生その後について、『中華留学名人辞典』[78]には、次の2名についての項目が紹介されている。
　第一次に参加した留学児童であった詹天佑(せんてんゆう)は、「1881年エール大学土木工程系鉄道専修科を卒業した。同年帰国後福州船政局操縦官となった。1888年、中国鉄路公司技師に招請された。」と紹介されている。
　第二次に参加した蔡廷干(さいていう)は、「帰国後天津水雷学堂に入り、後大沽砲台魚雷艇隊に赴任した。中日甲午海戦時に、魚雷艇隊を指揮して戦い、負傷して捕虜となり、交渉によって釈放されて帰国した。1911年海軍部軍政司長となる。中華民国成立後総統府高等軍事顧問、海軍中将となる。」と紹介されている。

②その他のヨーロッパ諸国への派遣

　アメリカへの留学生派遣が1881年に撤収されるが、アメリカ派遣とともに、洋務派はさらにイギリス、フランス、ドイツ等のヨーロッパ諸国へも並行して派遣している。
　1873年12月26日付けの沈葆禎「イギリス、フランス両国に造船、操縦を学ばせるために学生を派遣するについての奏折」のなかで、福建船政学堂の、「前学堂はフランスの言語・文字を学ぶものであり、学生のうちで資質のとくにすぐれた者、学問の基礎をもつ者をえらび、フランスへ行かせて造船方法、そして古き理を退け、新しき理を深く究明させる。後学堂はイギリスの言語・文字を学ぶものであり、学生のうちで資質のとくにすぐれた者、学問の基礎をもつ者をえらび、イギリスへ行かせて、船の操縦の仕方、そして練兵の制度と勝利のための理を深く学ばせる。速ければ3年、遅ければ5年で、必ずや大きな成果をあげられるであろう。」[79]と述べられていた。
　1877年3月、すでに述べた福建船政学堂からの第一次遣欧留学生として、26名の学生、9名の技能見習いがいた。そのうち、操縦を学ぶものが12名、製造を学ぶものが9名、鉱務を学ぶものが5名であった。さらに随員として

3名が同行した。これより留学先は、イギリス、フランス、スペインへと分かれていった。[80]

第二次は、1888年（光緒九年）に派遣された。銃・大砲製造、火薬製造、魚雷製造等の製造を学ぼうとするものが7名、操縦が2名で、国別には、フランスへ5名、イギリスへ2名、そしてドイツへ1名となっている。留学期間は3年間であった。[81]

第三次は、1891年（光緒12年）に派遣された。操縦が20名、そのうち10名が北洋水師学堂の学生であり、他の10名は後学堂の学生であり、製造を学ぶものは14名、すべて前学堂の学生であった。留学期間は操縦を学ぶ学生は、依然として3年であったが、製造を学ぶ学生は6年に改められた。[82]

第四次は、1902年（光緒23年）であるが、すでにわれわれの観察する洋務運動期間ではないため、論じない。

このほか、1877年に先立ち1875年に、福建船政学堂から8名の学生がフランス人技師の帰国機会を利用して、イギリス、フランスを遊歴したといわれている。[83]

洋務運動時期の留学生派遣にかかわった人、派遣された人のエピソードを最後にすこしふれたい。

③容閎（1828～1912年）について

近代中国ではじめて西欧（アメリカ、エール大学卒）へ留学した人として知られている。「教育者。広東省香山の人。1841年アメリカの宣教師が香港で運営していたマリクソン校へ入学。1847年アメリカへ留学、1850年エール大学入学、1854年卒業、中国近代最初のアメリカへの留学生にして、もっとも早く西方資本主義教育を受けた人である。」[84]

そして洋務運動における軍事工業の江南製造総局の項でもふれたように、曾国藩の命によりアメリカへ工作機械の購入にいった人である。また、アメリカ留学への経験、西欧文化への造詣の深さを生かして、児童のアメリカ集団留学において、計画をてがけた人でもある。著書として、『西学東漸記』、『予之教

育計画』、『留学事務処を運営する』がある。

　④厳復(げんふく)（1853～1921年）について
　厳復は、アダム・スミスの『国富論』、ミルの『論理学大系』、モンテスキューの『法の精神』を翻訳した人とし知られた、中国ブルジョア階級の思想家である。
　そのかれは、福建船政学堂が提示した優遇的な入学条件にさそわれて入学したといわれているが、1877年に派遣された第一次陣30名の中のイギリスに留学した人である。イギリスではグリニッジ王立海軍兵学校に入学した。「その間、かれは自分の目でイギリスの社会制度を見て、しだいにブルジョア階級の社会・政治学説の研究をはじめ、"西学"と"洋学"の差異を弁別し、分析した。1879年成業して帰国し、福州船政学堂で教師となる。次の年天津水師学堂の総括教師となり、後代表に昇格し、20年間教育に携わった。」[85] かれは、洋務運動で育ち、後ブルジョア階級思想家となった人である。

　近代中国にとって留学生を派遣して西欧文化を吸収することは、封建社会をつき固め、強化するための手段であった。洋務運動時期における留学生派遣は、児童を対象とし、しかも集団の形態をとったものからはじまり、しかも伝統的な儒教教育を同時に厳しく要求したものであった。派遣の目的は主として「軍事」にかぎられており、軍艦の操縦、軍事品の製造に限られていた。厳安生著『日本留学精神史』岩波書店1991年刊の第一章に、次の文章がある。「一八七五年と七六年に李鴻章たちが派遣した初のフランス、ドイツ、イギリスへの留学生たちは、はじめから兵船の操縦や造船関係の研修だけを命じられた。つまり、銃砲になれ、鉄砲玉になれ、というだけのものだった。それに背いてちょっとでも生意気になれば留学をうち切られ（アメリカ組）、おとなしく従っていれば、道具として使いはたされてしまう（ヨーロッパ組）。黄海の海戦で洋務派自慢の北洋艦隊が壊滅し、艦艇に多数乗り組んだイギリス・フランス留学の士官たちは洋務運動路線の犠牲になって黄海のもくずと消えた。」[86]
　この時期欧米に派遣された留学生に関する問題で、日本と中国の特色をあら

わすことは、やはり、中国の留学生が、①体制維持を前提とした留学であったこと、②はっきりとした目的・専門にもとづいて派遣された、の２点をあげることができるであろう。

[注]
* 本文中引用の文章は、日本語で出版されているものはそのまま日本語で、中国語で出版されているものについては、引用者折戸が日本語に訳したものである。
* すべて引用した場合長文になることを避け、要約して表記した場合には最後に「より」と付記する。
1) 林華国著『近代歴史縦横談』北京大学出版社2005年10月刊　16～17㌻。
2) 阮芳紀、左歩青、章鳴九　編『洋務運動史論文選』人民出版社1985年2月刊　1～3㌻。
3) 蔣廷黻著『中国近代史』岳麓書社　1987年11　所収、林華国著『近代歴史縦横談』北京大学出版社2005年刊　17㌻より。
4) 『毛沢東選集』第四巻「人民民主独裁について」東方書店　1968年刊　541㌻。
5) 『中国近代史詞典』上海辞書出版社1982年刊　545～546㌻より。
なお、洋務運動の主要な創始者、曾国藩、李鴻章についての注をここに加える。
曾国藩（1811～1872年）
　　湖南省湘郷白楊の人、道光時期の進士。漢族の高級官僚であり洋務運動の創始者。
　　1853年命により湘軍を結成、西洋の銃・砲を購入して武装し、太平天国鎮圧に力をつくす。西洋の武器の優秀さを認識したことにより、1861年陥落させたばかりの安慶で、銃・砲、船を模造するため、はじめての洋務軍事工場を建設する。のち、江南製造局を設立する。また洋務運動推進の過程で、近代中国はじめての留学生、容閎のすすめによってアメリカへ児童留学生30名ずつ4回にわたって派遣。1870年天津教案の処理にあたって批判を受ける。1872年死去。
李鴻章（1832～1901年）
　　安徽省合肥の人。道光時期の進士。咸豊3年（1853年）故郷に帰って団練（地方の武装組織）を指導し、捻軍と太平天国軍との戦いを開始する。曾国藩の幕僚となり、咸豊11年（1861年）清朝より淮軍の編制を命じられ、翌年外国軍と協力して安慶から上海へと攻略する。江蘇巡撫、湖広総督を歴任し、直隷総督兼北洋大臣となる。曾国藩とならび洋務運動の代表的指導者であり、洋務

企業をもっとも多く創業した人である。洋務運動の過程で、新しい産業を導入したほか、新しい教育制度等を導入した。甲午中日戦争（日清戦争）の講和条約を日本の下関で締結したことでもよく知られている。
6) 杜石然他著『洋務運動与中国近代科技』遼寧教育出版社1991年刊　63㌻より。
7) 張研・牛貫傑著『清史十五講』北京大学出版社2004年刊　344㌻より。
8) 張国輝著『洋務運動与中国近代企業』中国社会科学出版社　1979年刊26㌻。
9) 張国輝著『洋務運動与中国近代企業』中国社会科学出版社　26～27㌻。
10) 張国輝著『洋務運動与中国近代企業』中国社会科学出版社　27㌻。
11) 牟安世著『洋務運動』上海人民出版社1956年12月刊　67㌻。
12) 牟安世著『洋務運動』上海人民出版社1956年12月刊　67㌻。
13) 牟安世著『洋務運動』上海人民出版社1956年12月刊　67～68㌻。
14) 張研・牛貫傑著『清史十五講』北京大学出版社2004年刊　335㌻。
15) 張研・牛貫傑著『清史十五講』北京大学出版社2004年刊　335～336㌻。
16) 牟安世著『洋務運動』上海人民出版社1956年12月刊　70㌻より。
17) 牟安世著『洋務運動』上海人民出版社1956年12月刊　70㌻。
18) 牟安世著『洋務運動』上海人民出版社1956年12月刊　71～72㌻。
19) 張国輝著『洋務運動与中国近代企業』中国社会科学出版社　39㌻より。
20) 牟安世著『洋務運動』上海人民出版社1956年12月刊　72㌻より。
21) 牟安世著『洋務運動』上海人民出版社1956年12月刊　73㌻。
22) 牟安世著『洋務運動』上海人民出版社1956年12月刊　76～77㌻より。
23) 牟安世著『洋務運動』上海人民出版社1956年12月刊　77㌻より。
24) 牟安世著『洋務運動』上海人民出版社1956年12月刊　77㌻。
25) 張国輝著『洋務運動与中国近代企業』中国社会科学出版社　54～55㌻。
26) 1870年6月、天津で起こったフランス領事らを殺害したキリスト教会襲撃事件。事件後イギリス、アメリカ、フランス等7カ国から共同の抗議を受け、恫喝された。曾国藩がその解決を命じられたが、民衆弾圧をしたことにより、そのやり方が批判された。
27) 張国輝著『洋務運動与中国近代企業』中国社会科学出版社　54～61㌻より。
28) 梁義群著『近代中国的財政与軍事』国防大学出版社2005年1月刊　69㌻より。
29) 梁義群著『近代中国的財政与軍事』国防大学出版社2005年1月刊　69㌻。
30) 梁義群著『近代中国的財政与軍事』国防大学出版社2005年1月刊　69㌻。
31) 官督商弁　清朝末期、官と私的資本が協力して運営する鉱工業企業が採用した組織形態。このような企業は、実際には政府から派遣された人が監督し権限を

掌握しているか、または政府と密接な関係をもつ企業の民間資本家が責任者になるか監督をして、取締役会は実権をもたない。

32) 張国輝著『洋務運動与中国近代企業』中国社会科学出版社　118ページ。
33) 『中国近代史詞典』上海辞書出版社1982年刊　418ページ。
34) 張国輝著『洋務運動与中国近代企業』中国社会科学出版社　121ページ。
35) 張国輝著『洋務運動与中国近代企業』中国社会科学出版社　123ページ。
36) 張国輝著『洋務運動与中国近代企業』中国社会科学出版社　185～187ページの図より。
37) 牟安世著『洋務運動』上海人民出版社1956年12月刊　95ページ。
38) 張国輝著『洋務運動与中国近代企業』中国社会科学出版社　218～221ページの図より。
39) 張国輝著『洋務運動与中国近代企業』中国社会科学出版社　222～225ページより。
40) 張国輝著『洋務運動与中国近代企業』中国社会科学出版社　233ページ。
41) 張国輝著『洋務運動与中国近代企業』中国社会科学出版社　404～411ページの図より。
42) 張国輝著『洋務運動与中国近代企業』中国社会科学出版社　248ページ。
43) 張研・牛貫傑著『清史十五講』北京大学出版社2004年刊　338ページ。
44) 張国輝著『洋務運動与中国近代企業』中国社会科学出版社　268ページ。
45) 張国輝著『洋務運動与中国近代企業』中国社会科学出版社　269ページより。
46) 張国輝著『洋務運動与中国近代企業』中国社会科学出版社　270ページ。
47) 張国輝著『洋務運動与中国近代企業』中国社会科学出版社　272ページ。
48) 『中国近代史詞典』上海辞書出版社1982年刊　33ページ。
49) 『中国歴史大事典』清史（下）202～203ページより。
50) 張国輝著『洋務運動与中国近代企業』中国社会科学出版社　262ページより。
51) 杜石然他著『洋務運動与中国近代科技』遼寧教育出版社1991年刊　141ページ。
52) 牟安世著『洋務運動』上海人民出版社1956年12月刊　132ページより。
53) 牟安世著『洋務運動』上海人民出版社1956年12月刊　133ページ。
54) 牟安世著『洋務運動』上海人民出版社1956年12月刊　135ページ。
55) 『中国近代史詞典』上海辞書出版社1982年刊　171ページ。
56) 『中国近代史詞典』上海辞書出版社1982年刊　171ページ。
57) 牟安世著『洋務運動』上海人民出版社1956年12月刊　146～147ページ。
58) 牟安世著『洋務運動』上海人民出版社1956年12月刊　149ページ。
59) 牟安世著『洋務運動』上海人民出版社1956年12月刊　148～149ページ。

60) 牟安世著『洋務運動』上海人民出版社1956年12月刊　149ページ。
61) 朱従兵著『百年中国史話　教育史話』社会科学文献出版社2000年9月刊　1～4ページ。
62) 朱従兵著『百年中国史話　教育史話』社会科学文献出版社2000年9月刊　4ページ。
63) 毛礼貌　他主編『中国教育通史』第四巻　山東教育出版社1988年刊　106ページより。
64) 毛礼貌　他主編『中国教育通史』第四巻　山東教育出版社1988年刊　107～108ページ。
65) 毛礼貌　他主編『中国教育通史』第四巻　山東教育出版社1988年刊　110～111ページ。
66) 毛礼貌　他主編『中国教育通史』第四巻　山東教育出版社1988年刊　112～113ページより。
67) 毛礼貌　他主編『中国教育通史』第四巻　山東教育出版社1988年刊　114ページより。
68) 毛礼貌　他主編『中国教育通史』第四巻　山東教育出版社1988年刊　115～116ページより。
69) 毛礼貌　他主編『中国教育通史』第四巻　山東教育出版社1988年刊　120ページより。
70) 毛礼貌　他主編『中国教育通史』第四巻　山東教育出版社1988年刊　121ページより。
71) 朱従兵著『百年中国史話　教育史話』社会科学文献出版社2000年9月刊　21～23ページより。
72) 朱従兵著『百年中国史話　教育史話』社会科学文献出版社2000年9月刊　23～24ページより。
73) 『中華留学名人辞典』東北師範大学出版社1992年12月刊　序、伍修権執筆文章より。
74) 『中国近代教育史資料彙編　留学教育』上海教育出版1991年7月刊　86ページより。
75) 『中国百年　留学全記録　壱』珠海出版社1998年1月刊　36ページ。
76) 『中国百年　留学全記録　壱』珠海出版社1998年1月刊　36～47ページ。
77) 『中国近代教育史資料彙編　留学教育』上海教育出版1991年7月刊　106ページ図より。
78) 『中華留学名人辞典』東北師範大学出版社1992年12月刊　611～612ページ、お

よび716ページより。

79) 『中国近代教育史資料彙編　留学教育』上海教育出版1991年7月刊　225ページ。
80) 『中国近代教育史資料彙編　留学教育』上海教育出版1991年7月刊　252ページより。
81) 『中国近代教育史資料彙編　留学教育』上海教育出版1991年7月刊　255ページ図より。
82) 『中国近代教育史資料彙編　留学教育』上海教育出版1991年7月刊　255ページより。
83) 朱従兵著『百年中国史話　教育史話』社会科学文献出版社2000年9月刊　28ページより。
84) 『中華留学名人辞典』東北師範大学出版社1992年12月刊　611～612ページ。
85) 『中華留学名人辞典』東北師範大学出版社1992年12月刊　274～275ページより。
86) 厳安生著『日本留学精神史　近代中国知識人の軌跡』岩波書店1991年12月刊　3ページ。

第三章　洋務運動と明治維新の比較

　洋務運動が失敗と判断された甲午中日戦争（日清戦争1894～1895年）後、清国から留学生が派遣されてきた。日本へ留学生を派遣する理由は、「日本を強くした原因を考察すると、西洋文化をうまく吸収したことにある、そこで日本を通じて西洋文化を学習することが、中国にとってもっともすぐれた出路である、と朝野、上下ともにそろってかんじた」[1]ことによるという。そして、「1898年には77名、1899年には143名、1901年には266名、1902年には727名にたっし、日本への留学生数はわずか数年にして、同時期に欧米に派遣された人数の総和を超えた。」[2]

　牟安世は、洋務運動が失敗した原因を次のようにいう。
　第一に反動的性格、第二に依存的性格、第三にその経済面での独占的性格にあるという。反動的性格とは、「清朝封建政権を保存し、そしてつき固める」ためのものであったことによる。具体的には太平天国運動、捻軍、苗族蜂起および回教徒蜂起を鎮圧することであった。依存的性格とは、洋務運動が外国の銃砲、船舶を購入したり、模倣したりすることを外国侵略者に依存しなければならなかったことである。そして経済面での独占的性格とは、「洋務派官僚はこの運動を利用して、中国の近代工業と交通事業を官僚資本の支配下におき、近代史上にいかなる進歩的意義ももたない官僚資本主義を形成した。このことと対応して、官僚買弁ブルジョア階級が形成された。」[3]これらのことが、民族ブルジョアジーの成長を阻害し、資本主義の順調な発展を妨げたことにあるという。
　また姜鐸は、洋務運動失敗の原因を、次のように述べている。

「客観的原因は、中国封建勢力は揺るぎないものであり、外国の侵略勢力は猖獗(しょうけつ)を極め、太平天国革命を共同で鎮圧することを通じて、封建勢力は外国侵略勢力と相互に結びつき、中国社会の進歩を阻害する反動勢力となったことである。」[4]

姜鐸はまた、中国の洋務運動と日本の明治維新には客観的な類似性が存在しているとの梁啓超の指摘を受け、その類似性として；
一、両者ともに、資本主義的近代化の運動であること。
二、両者ともに、運動を開始したときの国内経済の基礎、国際環境、時間、範囲、規模等の条件がおおよそ似ていたにもかかわらず、なぜ結果が顕著にことなったことについても、比較することに適していること。
三、両国が地理的に近いし、歴史も長いことから、比較することに適していること。
をあげている。

ここで洋務運動と明治維新との比較にあたって、明治維新は、時期によって性質がことなってくることから、明治維新で表される時期をとくにはっきりとさせておかなければならないであろう。

洋務運動は、1860年代のはじめから、失敗と判断される1895年までとして大きな齟齬がうまれないであろう。洋務運動は、封建王朝の末期に、その制度を維持・強化することを目的としたものだからである。その意味からいえば、比較すべき日本は、開国から幕府崩壊までのほうが適切である。もしも明治になってからといってしまえば、「不徹底なブルジョア階級革命」[5] とはいえ、明治はすでに西欧化・近代化、資本主義化をめざした時代となっていたことから、そのまま両者を比較することは適切ではないであろう。明治維新の期間については多くの見解が存在しているが、われわれはそれぞれの見解に深入りすることを避けて、明治政府成立までの助走期を含め、1853年のペリー来航から、1877年の西南戦争頃までとしたい。

われわれは両者の比較を、アヘン戦争、洋務運動にさきだつ中国清朝の封建時代と、明治維新にさきだつ日本の徳川幕藩体制の封建社会を比較することからはじめるのが適切であろう。

第一節　両国の封建制を比較する

アヘン戦争から甲午中日戦争（日清戦争）までの中国と、開国・明治維新から日清戦争までの日本を比較して論じる場合、その出発点にさきだつ時期について、多くはただ「いずれも封建社会であった」として、両国ともにそれぞれの直前にあった「封建社会」そのものの違いについてまったく論及しないか、またはほんのすこししか論及しない。そのため中国人の多くが、日本の封建社会を理解するにあたり中国の封建社会にたいする理解を前提としてしまう。それと同じように、日本人の多くもまた、中国の封建社会を無意識的に日本の封建社会と同じものと思いこんでしまうのである。しかし、両国の封建社会にはかなりのちがいが存在しており、これを意識しなければ、それに続く近代への理解に誤りを犯すことになりかねない。両国が封建社会にあったときの差異が近代に入ってから意外に大きな作用をしているからである。

清朝の封建社会では、その主たる生産手段である土地は全国的に皇帝の支配下にあり、皇帝、王族、旗人（満州族の人たち）等がもっている土地のほか、大部分は、少数の地主たちににぎられ、多数を占める農民は、狭い土地しかもたないか、または全くもっていなかった。地主はそれらの土地を小作に貸し出して耕作させて地代をとり、狭いながら自らの土地をもつ自作農は自らの土地を耕作した。人・土地を基準として租税が課せられ、自作農は自ら租税を納め、地主は小作に租税負担を転嫁するため、租税を上乗せした地代を小作から搾り取った。租税のみでも重い負担であるだけでなく、地主に納める地代は小作にとって重いものであったことは当然である。他の厳しい経済外強制もまた

さらにその上に加わっていた。

　各地では、世襲される地位である胥吏(しょり)によって租税等が徴収され、科挙等によって選ばれ中央から派遣された官僚である地方官が、皇帝のためにそれをとりまとめるという、皇帝を頂点とした中央と地方二重の独裁的官僚支配形態がとられていた。土地は比較的自由に売買され、官僚や商人のなかには地主を兼ねるものも多かった。この封建社会の典型的な農民像として、狭い農地で男は畑を耕し、女は機(はた)を織るといわれる、「小農業と家庭手工業が結びついた」[6]ものであった。身分については、官僚をはじめとするすべての人民は皇帝を頂点とし、その下に多くの階層をなして隷属していたが、しかし厳しい身分制度の下にあったとはいえ、農民は実質的には、人身面でかなりの自由をもっていたといわれる。

　これら小農がもっていた意識は、「集権的官僚支配に適しており、小農経済のなかで生存し、そして後世へと続いていく観念であり、その要点は、利己的である、勤勉である、節約である、おのれの分を守る、というところにある。」[7]といわれ、農民自身もそのおかれた地位に疑問をいだかず、皇帝、官僚のもつ思想・イデオロギーのなかにいて、その支配体制を支えていた。官僚となる人たちは、士大夫とよばれる知識階層に属する人たちで、教育、科学、芸術等の領域を担い、儒家道統を中心とする道徳・思想をもち、それを学ぶ人たちである。官僚予備軍ともいえるこの人たちは、農業等の労働には従事せず、条件をもつ人は子どものころから科挙合格をめざして教養をみがき、幸いにして合格すれば高級官僚への道が開け、合格できず任官できない場合には、身につけた教養・知識を通じてさまざまな仕事につく人たちである。あるいは塾師または高級官僚・地主等の家庭教師となって生活をするとか(『聊斎志異』の作者蒲松齢など)、あるいは有力な家族(高級官僚、封建地主)の小作・土地等の管理にたずさわるとか、地方の胥吏となるとか、あるいは文学、美術、書道、等の芸術に従事して生計をたてていく人たちである。

　資本主義社会における官僚(公務員)を公僕と心得ている現在のわれわれにとっては、ここでいわれている官僚というものをなかなか実感することができないことから、いますこしここでいう官僚という概念を、中国でいわれている

実感に近づけなければならないであろう。

「中国の官吏および官吏の地位は、"命令者"という意味をおびているピジョン・イングリッシュのMandarinということばで表現することがもっとも象徴的であり、うまいいいかたである。ヨーロッパの語感からいうとMandarinという字には"畏怖と権威の象徴"の意味をもっており、ヨーロッパ諸文明国のMagistrateおよびOfficerでは、とうていそれがもつ、なにものをも圧倒する機能の万分の1も表すことはできない。」[8] という。

手元の英語辞典でMandarinを引くと、「"中国帝政時代の"役人」となっていて、実際の内容には触れられていない。そこで類似のものをもって推理の材料とすれば、江戸時代に農民が藩の役人を、真に畏怖、恐怖の念から「お役人さま」とよんでいたこと、大名行列にたいして「土下座」をしたという行為であり、ここからいくらか推理できるのではなかろうか。これらのことは、権力を一方的に押しつける側と、一方的に受け入れなければならない側の関係をもつものといえる。また中国語で「官僚になる（当官）」ということばは、官僚になるとやがてお金持ちになっていくとの意味をもつ。このことは、官僚になればお金持ちになることができるとの側面をもっていることである。そして、お金もちになる方法は、官僚主義と深く関わっているのである。

一方、江戸時代日本の封建社会について、われわれはかなりよく知っている。徳川幕府の下で、政治的に厳しく統制された260から300の藩が存在し、全国の土地は幕府の天領と藩に分割され、それぞれ幕府、藩によって土地、農民は厳しく管理されていた。天領、藩はそれぞれで租税（年貢）を徴収し、全国的に統一された官僚機構がはりめぐらされていたわけではなく、天領では幕臣（旗本、御家人）が、各藩では藩士がそれぞれの農民と土地の管理にあたっていた。また農民はいずれの領地でも隷属的身分として土地に縛られていた。

日本における知識階層としては、武士、僧侶、そして神官がそれにあたるであろうが、知識を独占していたわけではけっしてなく、一部名主等の農民、有力な商人等の町人もまたそれを担っており、さらに一般的な農民、町人にまで、広い階層によって共有されていた。

また、多くの藩の財政は多額の負債を抱えており、支配階級が必ずしも経済的に恵まれていたわけではなく、とくに下級の者は貧困にあえいでいた。幕府御家人の株が売買されていたという話があるが、それはまず御家人としての地位・家系を維持するためのものからはじまり、真に売買される場合でも、御家人としての収入（家禄・扶持米）は非常に少ないものでしかなかったため、その目的がより多くの所得を得るためという直接お金をもうけのための行為とはあまりいえなかった。

　中国と日本の封建制でとくにことなるところといえば、官僚制度、土地売買の可否、農民の身分、商業、手工業発展の度合い、さらに教育状況等の面をあげることができる。

　封建制度の分類でいえば、中国が「官僚地主制封建制度（または独裁主義封建制度）」といわれ、日本は西欧のそれと似たところをもつ「領主制封建制度」といわれるものであった。

　官僚地主制封建制度の定義について、中国ではじめてマルクス著『資本論』全３巻を翻訳した２人のうちの１人として有名な経済学者であり、文化大革命前まで数少なかった官僚主義についての研究著作をもつ王亜南は、官僚地主制封建制度、または独裁主義封建制度と領主制封建制度について、次のように述べている。

　まず地主制経済とは、「各国の封建制生産関係の発展は、おおよそいずれも領主制と地主制の２つの段階に表れ、西欧各国は、前の段階を主要な特徴としており、中国は非常に長く続いた後の段階を主要な特徴としている。」つまり、両制度が歴史の前後関係にあると説明する。そして、「領主制経済の特徴は、自然経済が異常なほど厳格に支配しており、地主制経済の特徴は、流通経済がかなり活発であることである。」つづいて、「中国地主制経済の特色には、次の４つの面がある。(1) 土地およびその生産物がしばしば流通領域にはいってくる。(2) 地権は商業資本、高利貸資本が寄せ集まって一体となり、市民階層が独立して発展することを妨げる。(3) 実物地代、貨幣地代が、労働地代にかわり、主要な地代形態となる。直接生産者の隷属的身分というクサリはか

なりゆるく、生産への積極性はかなり高い。(4) 前の封建（領主制封建社会……訳注）からの残余と、搾取と残酷さによって強化された農業と工業が結びついた自然経済は、地主経済と専制主義が形成される基礎的表現形態である。」9)

　ここであげられている点をふまえて、清朝の封建社会をいますこし概観してみよう。

　西欧の領主制封建社会は、古代奴隷制が十分に発達した後に生まれたものであり、中国の封建制は、十分に発達していない奴隷制が解体した上に生まれたもので、これが二千年の長きにわたって続いた地主制封建制社会であるといわれている。10) 日本の封建制は、西欧の領主制封建社会に似ている。中国では、秦からの二千年余りの間、領主制封建社会の次の段階である地主制封建社会が長く続いた。「地権は商業資本、高利貸資本を寄せ集めて一体となる」とは、資本（資金）をもつ人は、商人でも、高利貸でも土地売買が自由であったことから、土地を購入して地主になることができたことを意味しており、さらには多くの官僚もまた、蓄積した資金をもって地主になり、また商人にも、高利貸にもなった。もっとも、地主、商人、高利貸、官僚のいずれもがただ一つの顔しかもたなかったわけではなく、それぞれがいくつかの顔をもっていた。このことが、西欧社会の資本主義への移行パターンである、資金を蓄積した農民のなかから資本家がうまれ、市民層（ブルジョア階級）に発展していく西欧型「封建制から資本主義への移行」パターンの道を閉ざしていたということである。

　隋、唐、宋の古い時代から、中国各地で茶葉、生糸、絹織物、綿織物、陶磁器、工芸品等が生産されていたことはよく知られている。それらが生産され、流通されることによって地方の多くの手工業者、商人たちが大きな資金を手に入れることができた。比較的身分が自由であった農民を雇い入れ、そこで蓄積された資金を資本主義的生産開始のための原資とすることは可能であるが、それをすることなしに、再び土地購入にあてて新たな地主となる。したがって、西欧のように資金蓄積が資本主義移行へとみちびいていくことなく、封建社会へと回帰する、または封建社会を再生産するメカニズムをもっていたことになる。

このような社会が清朝までつづくのが中国封建社会の特色であり、また一方の日本江戸時代の幕藩体制をとる封建社会（領主制封建社会）もまた、それなりに大きな特色をもつものである。にもかかわらず、この２つを同じ封建制社会であるとして、その上に近代化を立論することが妥当ではない。われわれは常にこのことを頭におきながら論を展開していかなければならないであろう。

第二節　洋務企業（工業）と日本の幕末・明治初期の日本の企業（工業）を比較する

1．近代軍事工業を比較する

洋務企業は、1851年から1864年までつづいた太平天国運動を鎮圧する過程での経験から、1861年近代軍事工場を洋務派の始祖で、指導者である曾国藩が、恢復したばかりの安慶の地で創立したことからはじまった。したがって、西欧技術を導入した近代軍事工業がはじまったのは1861年からである（ただし、この工場は機械を使用せず、手工労働に依拠したものであり、真に近代的軍事工場であるか否かについて異論もある）。

洋務派は、長い封建社会のなかで生まれ、存在し続けてきた思想をもつ清朝政府の頑固派のなかから分岐したものであり、曾国藩、李鴻章もまた無条件に開明的であったわけではなく、やはり儒教思想にどっぷりとつかった体質をもった人たちに変わりはなかった。したがって洋務運動は、西欧文化をなにひとつとして認めない、西欧文化移入を道具としてつかうことすらも認めない、導入に徹底的に反対するもう一方の頑固派との対立・反対のなかで推進されたものであった。その展開過程は、すでに述べてきた通りである。したがって、反対派の強い抵抗の影響が目立たない日本での様相とはあきらかにことなっている。

日本の近代工業導入は、1858年の日米修好通商条約締結以前、すなわち封

建社会のなかですでに佐賀藩、薩摩藩、水戸藩等において、精錬所、反射炉、高炉が、主として外国の書面だけにたよる手さぐりのような方法で設置されはじめ、そして幕府自身もまた1853年に、浦賀造船所の建設をはじめている。幕府は開国後、1861年長崎製鉄所建設、1863年には小石川に関口大砲製作所を設立し、たてつづけに1865年には横浜製鉄所を竣工、そして横須賀製鉄所を起工して、1866年には石川島造船所で蒸気船千代田型を建造するという状況であった。そして1868年に明治維新となるや、横浜、横須賀、関口、石川島、浦賀の各工場は明治政府に接収され、横須賀海軍造船廠、東京砲兵工廠等として、国営軍事工場に繰り入れられていった。

　約二百年にわたり厳格に執行してきた鎖国政策をひとたび放棄するや、大きなためらいもなく西欧文化を取り入れたかのようにみえる幕府の政策は、明治維新政府が後ほどに目指すことになる近代化の道と大きなちがいのない方向を向いていたといえる。

　中国洋務派にとっての「自強」とは、当面していた時代環境からかんがえて、まずは清朝政府としての「内乱鎮圧」のため、アヘン戦争、太平天国との戦争の経験から、伝統的兵器と兵法からの脱却を図るため、西方の兵器導入が不可欠と判断したためであった。それに、洋務派にとって官僚であること、地方の封建地主としての権利保全も大きな動機・要素であったとかんがえられる。

　徳川幕府にとって西欧軍事技術の導入、陸海軍の建設は、国家として西欧諸国への対応のため、そして各藩への抑えのためであったとおもわれる。薩摩、長州等の藩にとっては、攘夷を口実として強化し、結果からすれば幕府打倒のためのものだったようにみえる。佐賀藩をみると、藩主が鋳砲、製艦を奨励したり、1853年に長崎に入港したロシア船にあった蒸気機関車の模型をつくらせたり、他にさきがけて製鉄技術を導入しようとしたことは、「軍事強化」の任務をはたすとの目的もさることながら、「西欧科学技術へのあこがれ・好奇心を満たす」面も強かったようにもかんじる。この「西欧科学技術への好奇心・あこがれを満たす」という面は、開国以前すでに、日本社会全体で蘭学への指向がうまれていたことであり、西欧科学技術受け入れのための社会的基

礎、社会的潮流が封建社会のなかですでに醸成されていたということができよう。さらにこれらの動きのなかには、「体制の維持・擁護」の側面をもつものもあるが、推進者たち自らの「利益を保全する」、「利益を図る」との側面はあまりかんじることはできない。

したがって、日本で西方の軍事技術を導入した動機は、中国とはかなりことなっていたようである。

その理由として、体制維持・擁護の立場にある幕府にとっては、

①幕府が幕藩体制成立直後（17世紀前半）に想定した将来の体制崩壊シナリオでは、各藩が背くこととされており、それを鎮圧する対策として、幕府自体が圧倒的な武力をもつだけでなく、さらに譜代を主体とする大名に協力させることを前提として、幕府との関係で距離のことなる藩（親藩、譜代、外様）を周到に配置した。幕府成立初期に実際このシステムが作動したことはあるが、その後ほとんど形式的なものとなってしまっていた。武器については、進歩を極力抑制する政策が採られ、二百年間兵器の性能にほとんど進歩がなかったといわれる。そして、諸藩が実際に倒幕にたちあがったのは、その最後の時期であったため、体制維持・擁護のために武器を近代化させることは、むしろ幕府が諸藩におくれをとっていたくらいであった。

②日本でも多くの農民蜂起があったが、各藩の圏内を範囲とする局地的規模のものが多く、中期以後藩の範囲をこえた規模の農民蜂起（都市住民の打ち壊しもふくむ）はあったものの、外国の進んだ兵器が蜂起側に流れ込んではいなかったこと、また政権を突き崩すほどのものではなかったこと等から、その鎮圧のために兵器の性能を世界水準に引きあげる必要はなかった。また、中国とはことなって帝国主義勢力に反対する農民蜂起は起こっていない。

③開国直後から幕府が蒸気船をつくったり、オランダから購入したり、そして陸海軍を建設した目的は、「自強」、「体制の維持・擁護」のためとならんで、幸いにして全面的な対決がなかったことから、西欧との外交交渉にあたって、外国との接触当初の動揺からたちなおり、体面を維持するための要素も強かったようにもみえる。

そして、明治維政府にとっての「自強」は明瞭な方向にあり、近代国家（資

本主義国家)としての常備軍を充実させていくことであって、西欧科学技術を導入して、「模倣」から「国産」へと目指すことに大きな曲折はなかったようである。いずれにせよ中国と比較すると、近代軍事工業導入にあたっての封建思想との葛藤はあまり目立たず、この面では大きな差異があったといえる。

　ここで工業（企業）をめぐる気になる点をいくつか述べてみたい。
　洋務企業に「廃止」されたものが目立つことである。
　軍事企業については、江南制造総局に上海洋砲局が合併されたり、福州船政局がその後海軍造船所へ発展したり等、いくらかの工場は次の時代まで継続して順調に拡大していっており、全体としても近代軍事工場、近代工場としての基礎を担ったといえるが、「求富」段階においてはじめられた銅山、金山、鉄鉱山は、すでに紹介したように、準備が不十分であったり、管理が劣っていたり、資金が不足したり等の原因により、操業にいたらなかったり、1年からせいぜい10年程度しか操業することができなかったものが多い。このようなずさんさともみえる原因はどこにあるのか、さだかにはわからない。
　ある意味では洋務企業創業と似た条件をもつとかんがえられることから、日本の工業（企業）と比較しよう。まずは徳川幕府の下で建設された工業（企業）からみてみよう。
　軍事工場では、1853年浦賀に造船所を建設、1854年石川島を造船所建設の敷地と決定、1861年肥前飽之浦（長崎）に製鉄所を落成、1863年関口大砲製作所を設立、横須賀製鉄所起工（明治4年第一期工事完成）、1866年石川島造船所で日本人の設計になる蒸気軍艦千代田型建造、等の工業を建設した。同じ時期に、各藩でも、幕府の命令、許可の下で次のようなものが建設された。1850年佐賀藩第1号反射炉完成、1851年鹿児島藩、精錬所設置、1852年鹿児島藩高炉着工（54年操業）、1854年水戸藩, 那珂湊に反射炉着工、1855年鹿児島藩外輪蒸気船雲行丸を建造、ならびに最初の蒸気機関を製作、1858年盛岡藩、釜石鉱山で、洋式高炉に火入れ、等の状況である。いずれも「官営」といえるであろう。
　明治維新後、幕府の工場については、多くは明治政府に引き継がれていっ

た。

　明治維新開始後、近代的経済活動は、次のように展開されていった。1870年東京―横浜間の電信開通、土佐開成商社（三菱商会）設立、1871年小野組築地機器製糸場、東京―京都―大阪間の郵便開始、1872年全国向け郵便事業開始、1872年新橋―横浜間鉄道開業、官営富岡製糸工場、1873年第一国立銀行設立、1876年三井銀行開業、三井物産会社設立、1878年東京商法会議所設立、東京株式取引所開業、大阪北浜株式取引所開業、1880年横浜正金銀行設立、三菱為替店（後の三菱銀行）設立、1881年明治生命保険会社設立、日本鉄道会社設立、等々の資本主義国家として必要な基礎的企業が営業を開始している。

　これらの近代企業は、もちろん政府の管理がなければ設立されないが、官営もあり、民間のものもある。しかし外国資本の関与があまりないことは中国と比較して特筆すべきことであろう。それは、「鉄道や鉱山あるいは輸入繰糸器械を備えた生糸製糸場などをみずから経営したが、その主たる動機は、外国資本家が直接投資の許可を求めてきたのに対処することにあり、かならずしも官営方式が望ましいと考えたためではない。」鉄道敷設についても、富岡製糸工場にしても「外国商人による器械製糸工場設立の願い出がきっかけであった。」[11)] として意識的に避けた結果であるという。

　明治以後の日本の企業が中国とことなる様相をおびているのは、すでに封建体制でなかったことと、中国で外国資本があたえた影響をみて判断した結果であったといってよいであろう。

2．鉄道について比較する

　次に鉄道の敷設についてみてみよう。
　鉄道は、イギリスで発明され、1825年にイギリスではじめて敷設された。そしてアメリカが1830年、フランスが1832年、1836年にはベルギー、ドイツ、そして1848年にスペインという順序で、各国で敷設が開始された。中国は帝国主義列強により長年にわたって敷設の提案がなされたにもかかわら

ず、その開始は1876年であり、帝国主義勢力との接触が中国より遅かった日本の1872年新橋—横浜間の開通よりもおくれてしまっている。

中国では、1847年にイギリス海軍軍人が台湾で炭鉱を探索していた時に、基隆港—鉱区までの敷設を提案したのを最初に、外国人からの鉄道敷設提案は、1849年、1858年、1862年、1863年1864年、そして1865年に2個所から、さらに1867年におこなわれていた。しかし中国の指導者たちの反対はとくに鉄道敷設において強く、理由もまた、すでに紹介した通り迷信に近いもので、結局は大きく出遅れることになってしまった。[12]

中国の支配層ははじめこのように判断を誤り、その後軍事的重要性、そして石炭輸送に有効であることに気づくことによって、中国人の手によるはじめての鉄道敷設は、1881年に完成した唐山胥各荘間11kmの、炭鉱から石炭を運び出すためのものとしてであった。それ以後もあまり順調とはいかず、甲午中日戦争（日清戦争）前までの12年間に四百kmにも満たない規模しか完成しなかった。

日本の場合には、オランダ商館が幕府に提出する「風説書」、それにアメリカ滞在の経験をもつ中浜万次郎、浜田彦蔵たちにより、欧米での鉄道の存在とその機能が、1840年前後より知られていたといわれる。そのためか、ペリー来航直後から猛烈な興味をしめし、ロシア使節のもってきた模型の蒸気機関車と貨車を手本としたものが、佐賀藩の手によってつくられている。外国人の敷設提案も、中国とおなじように1868年アメリカ公使館書記Ａ．Ｌ．Ｃ．ポートマンによりなされ、江戸—横浜間の鉄道建設請願を幕府は一旦許可したが、翌年維新政府は契約無効としてそれを却下した。結局翌1869年「商品流通、原野の開拓、軍事輸送における鉄道の効果」を指摘した外務省の建議書により、1872年の開業というはこびとなった。それにはイギリス公使のパークスの助言も大きく作用していたという。[13]

両国の鉄道にたいする態度にちがいをもたらした原因は、単に運、不運というものではなく、また帝国主義列強が日中で態度を変えることなどないとすれば、つまるところは受け入れる側のもっていた条件の差異によるものであろう。頑固派を典型とする中国の指導者たちが、「中華思想」、「儒学・儒教」、「科

挙」と密接に結びついたかんがえ方をもっていたとすれば、日本人が伝統的にもっていた、「すぐれたと自分たちが判断した外国文化を熱心に受け入れてきた文化的伝統」という土台のちがいをそれにあてるべきであろう。

　日本では、1872年（明治5年）に新橋—横浜間29kmが開通され、その後1873年大阪—神戸間32.7km、1876年大阪—京都間と続く。さらに、上野—熊谷間、さらに高崎へと延長され、1885年赤羽—新宿—品川間が開通、同じ年大宮—宇都宮間が開業された。1889年東海道線新橋—神戸間全通、このころ私鉄も各地に開業し、軍事輸送もおこなわれるようになった。そして1891年、上野—青森間が全通する。

　このようにしてみると、日清戦争が開始されるまでに、現在の鉄道網の原型がほぼみえるほどの発展をとげていたといえるであろう。鉄道敷設の目的としては、まずは欧米の工業化が鉄道の発展と明らかに密接な関わりをもっていることをみてのことであろうし、軍事目的も重要な位置を占めていたとかんがえられる。近代化をめざすということから判断すれば、新政府誕生直後から鉄道に大きな投資をしたことは、正しい方向であったといえるであろう。もちろん日本で「頑固派」にあたる封建的、保守的かんがえをもつ人がいなかったわけがないが、中国でしめされた「陳腐な観念」の影響は少なく、はじめて乗った乗客の態度等が笑い話として伝えられている程度で、受け入れようとする傾向が、拒否しようとする傾向を圧倒していた。そして、外国人が鉄道敷設に強い意欲を示したことについては、幕府が1868年に鉄道建設の許可をあたえたが、明治政府は1869年にそれを却下していることも大きなできごとであったといえる。

　外国文化に強い興味を有しながら、外国資本の参与を極力排除して建設をすすめたこと、この分野でも、外国の新たな文化にたいして、指導者層においてはもちろん、民衆にいたるまでの社会全体の雰囲気は、どうしても中国がもっていたものとはことなるようである。

　電信事業の比較について。

　中国での電報事業は、すでに述べたように、早期からすでに西欧諸国から要求されていたにもかかわらず、はじめて敷設されたのが1879年の大沽—天津

間40マイルであったということで、比較的遅い時期にはじめられた。その後軍事的にも有効であること、そして多くの利益を生みだしたことから洋務事業として成功した例となっている。

　日本の電報事業は、きわめて早くからはじめられた。1869年横浜、灯明台役所―横浜裁判所間に敷設され、翌年には東京―横浜間の公衆電報取り扱いがはじまった。引き続いて、1876年アメリカのベルによって発明された電話が、1877年にははやくも実用化がはかられるとの状況で、発明から間もない期間から積極的に受け入れていたようすがうかがえる。

　結局、両国に大きなちがいがうまれた原因として、次のことがいえないだろうか。
　1つは、中国が長期にわたって周囲の諸国に比べて圧倒的な豊かさと強さをもっており、そこで培われてきた儒教文化は、外国文化にたいし頑固な拒否的性格をもっていたゆえに、西欧の有用な技術導入がおくれてしまったこと。
　2つは、アヘン戦争からはじまる各戦役での敗戦にともなって締結した不平等な国際条約、それと関わって外国資本が、それぞれの国の先兵として中国の国家主権を蚕食していった。そのことにより国家主権の大切さと、ひとたび失った主権をとりもどすにはたいへんな努力が必要であるとの実態を目の当たりにすることのできた日本は、外国資本の参与を極力避けることを教訓とすることができた。
　3つは、日本が、江戸時代半ばから医学、等をはじめとするヨーロッパ文化にたいして興味をもっており、幕府の命令ではなく民間を主体として、その知識を吸収するための翻訳という、実際いくらかの行動を起こしていたこと。そして、歴史的に長期にわたって外国（中国）のすぐれた文化を吸収してきた経験を有していたことが、開国・明治維新にあたってその対象を中国から西欧諸国に変えただけにすぎなかったからといえる。そのため、中国にくらべて帝国主義勢力にたいして迅速に対応することが可能となっていた。

第三節　教育面を比較する

1．日本の学制

　中国封建時代および洋務運動時期の学制改革については、すでに述べている。ここでは、日本の封建時代、江戸中期以降の学制、または教育の状況を述べることにする。

　幕府直轄の学校
　幕府は、寛政9年（1797年）に昌平坂学問所（昌平黌）を学校とした。ここは、寛永7年（1630年）に林羅山によって林家家塾として出発したものを、この年幕府直轄の官営学問所としたものである。入学資格は、幕府直参の旗本、御家人にかぎられ、後に諸藩士にも認められるようになった。素読所、復習所、初学所の3段階に分かれ、「小学」、「論語」、「詩経」、「書経」、「易経」、「周礼」、「左伝」が輪読され、稽古所には、漢土史科、本朝史科、刑政科、詩文科がもうけられていた。また安政3年（1856年）には蕃書取調所が新設された。[14]

　各藩が運営した学校──藩校
　各藩が、必要とする人材養成のために設立・運営したものであり、初期には藩主、その他少数の藩上士を対象としたものであったが、後には家臣団全体を対象としたものとなり、「時代が下れば下るほど、とくに幕末動乱期になると藩校の変化は急テンポですすみ、藩体制の危機状況に対応する、すなわち挙藩一致体制の確立を教育的方面から支えるという新しい課題をふまえ、その規模・内容を大幅に革新し、さまざまな面で近代学校的な形態を有するものが多くなった。」そこで教えられていた科目は、「漢学の他、筆学、和学、算術、医

学、洋学、天文学、音楽、故実などを取捨選択していったが、とくに和漢学では政治的知識や教養を養うために"歴史"が重視された。」15)

藩校の数は、寛永―貞享の時期（1624～1687年）の9校から明治4年（1871年）までの間に合計295校、幕藩体制の危機、藩政改革の必要性が増してきた宝暦―天明にかけての時期（1751～1788年）に急速に増加し、明治4年までその勢いが続いている。

藩校として有名なものには、長州の明倫館、薩摩の造士館、水戸の弘道館、会津の日新館、佐賀の弘道館などがある。

藩校といっても、すべてが一律ではないばかりか、また同じ藩校であっても、時代が変化するにともなって内容にもまた変化が生まれる。たとえば国学校、医学校、蘭学校、もまたいくつかの藩校で採用された。

封建社会の教育において中国のもつ特色は、その存在のほとんどが科挙に合格することに焦点が当てられていたことである。官僚になるために必要な儒学を中心とする知識習得を目的としていたことから、教育はもっぱらに政治的支配のため、思想・イデオロギーを維持するための道具であったといえる。庶民への教育という側面は、教育制度からは、ほとんどその存在をうかがうことはできない。これにたいして江戸時代の教育の特色は、藩校等が支配階級の支配のためとの側面をもつが、別に庶民のための教育もまた存在していた。

庶民に教育をゆるすことは、封建支配階級にとっては本来不利なことであり、実際中国では、教育、教養を政治的支配の重要な道具としてけっして手放すことなく独占していた。徳川幕府においても、支配に不利なことを確かに意識していたことから、分野によってはしばしば禁止・抑制することはあったものの、結果的には、幼いこどもたちに読み、書き、そろばんを教える寺子屋、そしてそれに続く段階には私塾が、庶民を対象とした教育の場として全国に普及していた。

寺子屋では、6、7才から12、3才にわたるこどもたちを教えていた。青木美智男は、「上層の農民は、長男は家のあとをとり、中下層農民の男女の場合は、寺子屋に学ぶことが奉公にでるための条件となっている。」16)という。

さらにその上をめざす向学心に燃えるものにたいしては私塾があった。私塾では、それぞれ漢学、国学、洋学、医学、算学、習字、詩文、などを教えるものがあった。

江戸時代末期の洒落本、読み本、滑稽本、人情本が、貸本屋を媒介として広い読者層に支えられており、その読者層は決して支配階級だけではなかったことはあきらかである。また農業が自給自足から商品作物の栽培が盛んとなるにしたがって、農業全書をはじめ多くの農業書が出版されていることから判断して、農民の長男もまた、学問から遠いところにいたわけではない。封建社会での教育の普及率、識字率は、中国に比較してのみならず、世界的にみても封建社会としては非常に高い水準にあったといわれている。

海原徹著『日本史小百科　学校』の統計では、江戸時代から明治にかけての私塾の数は全国合計で1,505個所、寺子屋の数は15,601個所であった。また、明治6年の義務教育就学率は、男子39.90％、女子は15.13％、計28.13％となっており、その後年毎に逓増していき、1894年（明治27年）には男子61.72％、女子44.16％となっている。ここから江戸時代寺子屋における就学率は、明治6年のそれを上回ることはなくとも、かけはなれて低いものではないといえる。男女の就学率の格差は日清戦争直前になっても解消されてはいないが、明治末年には男子98.79％、女子97.61％とほとんど同率になっている。[17]

このように、庶民教育の面においては、日本と中国は大きなちがいをもっているといえそうである。また儒学は、武士をはじめとするものたちの知識の根幹をなすものであったが、支配の道具として社会全体を覆ったわけではなかったといえる。全国を統一的に支配する官僚制度が存在せず、儒教がイデオロギー面で近代化にあたってもたらした影響は中国に比べて少なかったといえるであろう。このことを、両国の近代化にとって大きなちがいを生みだした原因の一つに数えてもよいであろう。

2．留学生の問題について

日本と中国がおこなった西欧文化移入のための留学生派遣状況について、簡

第三章　洋務運動と明治維新の比較　131

単に比較してみよう。

　すでに述べたように、中国では1850年にアメリカのエール大学に入学、1854年卒業し、1855年に帰国した容閎が、近代最初の留学生といわれる。かれの場合は、政府から派遣されたわけではなく、キリスト教関係者サミエル・ブラウンにつれられて渡米した人である。そして、曾国藩の幕僚となり、江南制造総局設立時に装備品の機器を購入するためにアメリカへ派遣されている。そして、アメリカへ児童留学生を集団派遣することを提案し、1872年から現地アメリカでその留学生の監督もつとめた。

　中国での留学生派遣は、1846年、容閎とともに、黄寛、黄勝がアメリカへ行き、そのうちの黄寛が、1849年さらにイギリスに医学を学びに行く。その次に児童が集団で留学する1872年まで空白が続いた。そしてアメリカへの児童留学生は、30名ずつ4回にわたって団体で派遣されるが、児童たちのアメリカ文化吸収をめぐって指導者の見解が分かれ、派遣は1881年には頓挫する。その間それとは別にヨーロッパ各国へ1877年に26名の学生と9名の技術見習いが派遣された。これらをかわきりとして欧米への留学生派遣がおこなわれた。

　日本では、開国直後の1860年の万延元年佐賀の小出千之助（後に民部大輔の通訳となる人）がフランスへ派遣されたことからはじまり、慶応4年まで、つまり幕末、それからさらに明治の留学生派遣にまで続いていく。文久年間は2年に13名3年に5名と計18名派遣され、元治元年に5名であった。この時代の留学生派遣のピークは慶応年間で、それぞれ29名、32名、50名で、合計152名にのぼっている。派遣元は幕府が63名、藩が62名とほぼ同じく、藩は鹿児島が29名、長州が10名等であった。留学先はオランダ、フランス、イギリス、ロシア、アメリカへと派遣される。幕府関係は、フランス25名、オランダ16名、イギリス14名、アメリカ3名、そしてベルギー1名であり、幕府との歴史的関係と幕末の外国との関係を反映しているといえる。[18)]

　海軍は、軍艦、大砲を所有することも重要なことであるが、それとともに造船技術、それに付随する汽罐、大砲等の製造技術、さらに操船技術、航海術、

戦術等の習得は欠かすことのできないことである。

　中国では、海軍建軍にあたって、主として軍事に関する学校から西欧諸国に派遣された。福建船政局で外国語文献翻訳をしていたところを福建船政学堂と改めて付設機関とし、フランス、イギリス等の国々へ留学生を派遣した。このほか、天津水師学堂等においても同様であった。

　日本では、開国から維新の期間には、既述のとおりオランダをはじめとするヨーロッパへ留学生を派遣したとともに、江戸時代を通じて幕府と密接な友好関係を保っていたオランダから派遣された教育隊によって、「海軍に関するいっさいの知識を持つ、船長から一般水兵までの養成を目的」[19]とした、長崎海軍伝習所が、1855年に開設された。第一回伝習生37名（直参）＋16名（陪審）計53名、第2回伝習生1856年、12名、第三回1857年、26名が採用された。各藩からの参加者は、佐賀藩48名、福岡藩28名、薩摩藩16名、萩藩15名、津藩12名、福山藩4名、そして掛川藩1名であったという。[20]

　この海軍伝習所の存在は、幕府海軍にとってだけでなく、日本近代化にとって大きな働きをした。遣米使節を日本人スタッフで運んだ咸臨丸、等の多くのエピソードで知られており、「明治海軍の創設者たちは、ほとんどこの中に含まれているし、また幕府方は戊辰戦争――箱館戦争がもしなければ、明治海軍の主流の座を占めたに違いないと思われる人材が育っているからである。いずれにしても長崎でのオランダ海軍による伝習は、幕臣あり諸藩士ありで、近代海軍建設を目指した人々のるつぼのような状態であったが、日本の近代海軍創設の根源をなすものであったことは間違いない。」[21]といわれる。

　日本では、西欧文化・科学技術の導入にあたって、幕府海軍創設時に実施されたオランダ軍人により国内で受けた教育が大きな成果を収めているが、もちろん中国が実施したと同じように、留学生の派遣が主流であった。明治になった直後から欧米に多くの留学生が派遣され、帰国後近代化にとって大きな役割をはたしたが、海軍創建後海軍より派遣された留学生もかなりの数にのぼっている。

　幕府の海軍伝習所のオランダ、幕府とフランス、薩摩藩とイギリス、海軍とイギリス、陸軍とフランス、等それぞれ特定の外国と強い結びつきをもったものも見受けられるが、日本では、外国から一方的に不利益を被ったとかという

ことはあまり目立たないようである。

［注］
* 本文引用の文章は、日本語で出版されているものはそのまま日本語で、中国で出版されているものについては、引用者折戸が日本語に訳したものである。
* すべて引用した場合長文になることを避け、要約して表記した場合には最後に「より」と付記する。

1) 丁暁禾主編『中国百年　留学全記録　壱』珠海出版社　1998年刊　163ページ。
2) 丁暁禾主編『中国百年　留学全記録　壱』珠海出版社　1998年刊　164～165ページ。
3) 牟安世著『洋務運動』上海人民出版社1956年刊　200ページ。
4) 牟安世著『洋務運動』上海人民出版社1956年刊　213ページ。
5) 孫健編『中国経済史論文集』中国人民出版社1987年刊　姜鐸「中国洋務運動と明治維新の比較」　200ページ。
6) 『マルクス＝エンゲルス選集8巻選集第2巻』「対華貿易」大月書店1974年6月刊　57ページ。
7) 劉永佶著『中国経済矛盾論』中国経済出版社2004年3月刊　74ページ。
8) 賈植芳著『近代中国経済社会』遼寧教育出版社2003年刊　161ページ。
9) 趙儷生、鄭宝琦主編『中国通史史論辞典』黒龍江人民出版社　101ページ。
10) 孫健編『中国経済史論文集』中国人民出版社1987年刊　姜鐸「中国洋務運動と明治維新の比較」　39ページ。
11) 石井寛治著『日本の産業革命』朝日新聞社　20ページ。
12) 尹鉄著『晩清鉄路与晩清社会変遷研究』　5～27ページより。
13) 老川慶喜著『日本史小百科　鉄道』東京堂出版1996年刊　14ページより。
14) 海原徹著『日本史小百科　学校』東京堂出版昭和54年　46～49ページより。
15) 海原徹著『日本史小百科　学校』東京堂出版昭和54年　51ページより。
16) 青木美智男著『体系　日本の歴史⑪近代の予兆』小学館　1993年刊　211～212ページ。
17) 海原徹著『日本史小百科　学校』東京堂出版昭和54年　学校教育統計より。
18) 石附実『近代日本の海外留学史』中公新書1992年6月刊　海外留学リストより。
19) 篠原宏著『海軍創設史』リブロポート社1986年刊　32ページ。
20) 篠原宏著『海軍創設史』リブロポート社1986年刊　36～44ページより。
21) 篠原宏著『海軍創設史』リブロポート社1986年刊　44ページ。

第四章　官僚主義について

第一節　官僚主義とはなにか

　現在中国で推進されている経済改革が突き当たっている大きな問題は、世界市場で活動する近代企業への脱皮をめざす国有企業改革において、国有企業全体の利益にたいする損失の比率がたえず高まっていることである。改革が順調に進められているとの記述がある反面、実際にはそのなかで達成されているべき、または達成されたはずの重要な要素が、なぜかわれわれの理解しがたい理由によってまだ達成されていないこともみうけられた。その原因を中国の人たちに尋ねると、こともなげに「腐敗」、「人治主義」、「官僚主義」等のせいである、という答えが返ってくる。しかし、ここでいわれている「官僚主義」は、われわれが一般的につかう意味とはことなったものである。

　官僚主義について、経済学者王亜南の見解をみてみよう。かれは1948年に『中国官僚政治研究』を出版し、官僚政治についての研究業績をもつ数少ない経済学者である。かれがこの本を書いたのは解放戦争がおわりに近づいた時期であり、対象は当然蒋介石を代表とする「四大家族」(官僚ブルジョアジー) が行った官僚政治で、解放後の現代ではなかった。この『中国官僚政治研究』[1]が1981年に再版されたのは (著者は1969年すでに死去している)、過去の官僚政治を批判するためではなく、社会主義社会における官僚政治に対する警鐘としてであったであろう。かれによれば、官僚政治は一定の条件をそなえていればどの時代にも出現する可能性があり、現実として1976年まで展開され

ていた文化大革命期間(かれは迫害を受けた)に、林彪・「四人組」が「封建ファシスト的官僚主義」[2]という形の官僚政治を復活させたことから、将来展開される社会主義社会にも現れることを心配してのことであったとかんがえられる。

　王亜南は、ラスキィーとセリグマン主編による『社会科学大辞典』(中国語より訳した題名)から、次の定義を引く。「官僚政治ということばは、官僚が政府権力を全て手中に掌握していることを利用して、通常官僚が一般公民の自由を侵犯・収奪する権利をもつ政治制度のことをいう。そのような政治制度の性質は、行政をいつも慣例上の公事として処理し、機敏な処理などありえず、何事も処理を引き延ばして決定せず、実験を重んじない。極端な場合には、さらに官僚が世襲階級に変わることもあり、あらゆる政治的措置を自己の利益を図るためのものにしてしまうのである。」王亜南はさらに、「この説明は、おおよそ妥当しているが、わたしはそれに付け加え、本当かどうか説明をしなければならない。そうでなければ、後で引用する例がなかなかわかりづらくなるだけでなく、われわれもまた自分たちの経験にもとづいて、官僚政治は歴史のいつの時代でも存在できるとはいえなくなるからである。たとえば、形式を重視し、もったいぶった口調で話し、なに事も形式的に扱いたがり、いちずに融通のきかない対応をし、責任を上、または下へといちずに転嫁する、……これらの事柄はすべて、いわゆる官僚主義的作風である。」[3]「しかし、これらの作風と弊害のすべては、いずれも技術方面に属するものであり、……、同時にその社会面によりいっそう注意をしなければならず、社会的意義から官僚政治を理解する、つまりそのような政治の下では、"官僚が政府権力の全てを手中に掌握していることを利用して、官僚が一般公民の自由を侵犯・収奪する権利をもち"、官僚は政府の措置を自分の利益を図るためのものにしてしまうということである。」[4]

　これが、中国の人たちのいう、生活のなかで実感している「官僚政治」であり、それが作用することによって社会面、技術面で生まれてくる欠点が「官僚政治の弊害」ということになり、したがってわれわれがこれからあつかう「官

僚主義」とは、主として「社会面における官僚政治の弊害」のことである。また「人治主義」とは、官僚が負う責任について、一般公民にたいして十分な責任をはたさずとも、その官僚の上に位置しているものが不適切と判断しないかぎり、責められることがないことをいう。したがって、あらゆる人が法律の下で平等とされる「法治主義」とはここがことなっているのである。

　社会面での官僚政治は、どんな社会に生まれるのであろうか。
　ヨーロッパでは、絶対主義の時代に、中国では封建時代に官僚政治が行われたという。中世の封建王国では、「形式的には、封建の階級組織は、最高クラスの法王、皇帝、国王または君主から公爵、主教、僧院長、子爵、男爵および小領主まで、さらに最下級にある騎士または侍従にいたるまで、厳然とした階層のピラミッドが存在していた。しかし特許（義務や、税などが免除されること）その他の慣例により、それぞれの単位では、どこででもすべて独立した政体を形成することがゆるされ、自分の属する土地には、国王に関与されることはなかった。大小の貴族または僧侶は、それぞれそこをおさめていた。」「このような情勢の下では、特殊な官僚階層はうまれようがない。」[5]
　「しかし中世末期になると、上述の封建基地はしだいに民族国家に成長していった。各民族国家は、独裁主義の政治形態を採用しはじめた。……諸侯に反対する闘争のなかで勝利した国王（または最大の諸侯）は、以前貴族、僧侶の手中ににぎられていた課税、戦争、公益、裁判等の権利をすべて手中に集めた。しかし、これらの政務についてかれはすべてを自分の手で行うことはできず、とりわけ領土が拡大された場合、かれはさらにだれかに委託するか、命令するしかなかった。かくして"専制君主の政体は、行政事務についての立法権を国王の手中に集め、さらにかれが官吏に発する命令は、行政法または公法の源泉となる"（クラボ『近代国家概念』から王亜南による引用）。このような情勢の下で、官僚または官吏は、国家または人民には責任は負わず、国王だけに責任を負う。……かれらはその上級の官僚との関係さえよくしていればよく、かれらの欲するところは、国家・人民の利益を顧みることでなく、いちずに私利を図ることができる。したがって、専制政治が出現した瞬間、政治権力は必然的

に官僚ににぎられ、またそれとともに必然的に官僚政治がもたらされるのである。」6)

それが存在する段階といえば、「ヨーロッパについていえば、16世紀から18世紀末にかけての時期から、19世紀はじめに至るまでの歴史段階に存在した。」「政治史でいえば、封建貴族政治からブルジョア民主政治への移行段階である。その移行段階では、一般的な支配形態は貴族のものではなく、また民主的なものでもなく、大小貴族と商工業者とが互いに権力、利益を奪いあうとの場面のなかで成立した独裁段階であり、そしていわゆる官僚政治は、その独裁政権に協力するもの、または補充するものとして必然的に生まれたものである。」7)

「そして一般的には、独裁、統一の局面と重商政策の下で発生し、成長した商工業経済は、一定の限度にたっすると独裁主義が自分たちにたいする束縛と障害にかんじられるようになり、しだいに大きくなってきたかれらの実力は、独裁主義者にたいして、服従し、妥協する道を探るよう、さらに一歩迫っていくのである。そのような場合になって、あいてにたいして限度をかんじて妥協して出現したのがイギリスの"名誉革命"であり、限度をかんじることができずに妥協しなかったことから出現したのがフランス型の大革命であった。しかし、革命の様式がいかなるものであっても、その結果はおおよそ民権、または市民権が伸張して王権を剥奪し、国会を法律の主権者とし、人民または選挙団体を政治の主権者としたのである。このようになれば、官僚または一般の行政にたずさわる者は、完全にその機能を変え、かれらはもはや国王に責任を負うことなく、国王のことばを命令とみなすことなく、国会、人民に責任を負うのである。」8)

つまり、立憲君主制、ブルジョア階級社会には、技術面での官僚政治はあっても、社会面での官僚政治は存在しないということである。

中国の官僚政治が、ヨーロッパ各国の官僚政治と比較して特色としているところとして、王亜南は、次の3点をあげる。

「(一) 長期間にわたって続く性格をもつ——それは、中国の官僚政治が非常

に長い期間にわたって続いたことをいう。それはまるで中国の伝統文化の歴史のはじめから終わりまでのようである。

（二）包容的性格をもつ——それは、中国の官僚政治が包括している範囲が広いことをいい、すなわち官僚政治の活動が、中国の各種の社会・文化現象、たとえば倫理、宗教、法律、財産、芸術……等の方面と、異常なほど密接で協調的関係を生みだしていることである。

（三）貫徹する性格——それは、中国官僚政治の支配作用が、深くまで影響をおよぼし、中国人の思想活動からかれらの人生観全体まで、すべて官僚政治が設定した鳥かごのなかに閉じこめられている。」[9]

秦以来二千年を越える長い期間にわたって官僚政治が存在してきた中国の地主制封建（独裁主義的封建）社会が、その長期間にわたって存在したその原因であったのか、逆にそれが原因となって長期間にわたったのか、いずれにせよヨーロッパにおける領主制封建社会における官僚政治とはことなる3つの特色を有しているという。まさに「中国の伝統文化の歴史は、官僚政治の歴史」ともいうことができるくらいの長期間にわたって継続している。そして、その伝統的中国文化といえば、儒教、儒学、（それに道教、仏教をくわえるべきであろう）を抜いてかたることのできないものであり、皇帝、官僚から農民まで、社会全体がこの儒教・儒学の思想、イデオロギーで覆われた社会ということができよう。

そのイデオロギーに覆われているかぎり、皇帝、官僚は、その受益者としてそれを大いに支持するであろうし、被支配者としての農民までもが、その影響下で、たとえ儒教、儒学の知識が浅くとも、いや浅いからこそ、無意識のうちにイデオロギー面からその社会を支える働きをしている。伝統的中国農民がもつ特色、つまり「小農意識は集権的官僚支配に適しており、小農経済の生産様式のなかで生存し、そして後世へと続いていく観念であり、その要点は、利己的であり、勤勉であり、節約であり、分をわきまえている」[10] 等は、まさにそのイデオロギーの影響により生まれ、官僚政治の下で存在し、それを支えているといえるであろう。

農民が権利を剥奪されているにもかかわらず、一定の水準、おそらくは農民

が集団的に「飢餓」の水準においこまれるのでなければ、そのまま体制にそむかずに従ってきたことを表すことばとして、「没法子　メイファーズ」(しかたがないことだの意味) がある。このことばは、現在の社会ではあまり聞くことはないが、解放前の中国ではよく耳にしたことばであったという。田村実造は、清朝末期の社会を叙述するなかで、「猫が鼠をたべるとき、猫はいっこうわるびれることなく、当然のように鼠をつかまえてたべる。鼠は猫に射すくめられ、きわめて自然にくわれる。中国流にいうと、くう方の猫の立場を"天命"といい、くわれる方の鼠のそれを"没法子"(仕方がない)というのである。」[11] これが、官僚が一般公民の権利を侵犯・剥奪する権利をもっている社会における双方の意識を表しているのではなかろうか。

　それでは、中国封建社会における官僚政治、官僚主義について、清朝を例にとってみてみよう。
　官僚のことを一般に官吏ともいうが、中国では、官と吏では制度的に大きくことなっている。官は主として科挙に合格した中央の官僚のことであり、皇帝に直接任命される地位である。科挙の上位合格者であれば、ただちに皇帝近くに勤務することができるが、それはほんの少数でしかないという。中央で官職につけなければ、地方官となって各地の勤務地へと出向いていくことになる。その場合、特定の地方と癒着することを防ぐため「本省回避」の制度が採られており、自分の出身地には赴任することができないばかりでなく、さらに３年ほどの期間で任地を変えさせられることから、「流官」ともいわれている。しかし、いずれのポストも有資格者 (主として科挙合格者) にくらべて数が少ないため任官すること自体が非常にむずかしく、どこの任地に着任するかで収入が大きくことなることから、まずはポストにありつくために、さらによりよいポストにありつくためにと、さまざまな場面で激烈な猟官運動が展開されたといわれている。
　一方地方の役人は吏、胥吏(しょり)ともいわれており、ほとんどそれぞれの土地の人であり、官僚を補佐し、その土地に課せられた国税を徴収する役割をはたし、その地位は世襲され、地位は堅固なものであったといわれている。

官吏がなぜゆたかになっていくことができるのか、しくみとその源泉をみてみよう。

地方官（中央から地方に赴任する官僚）にはどのような収入があったのだろうか。「いかに官吏のふところがふくらむかというと、たとえば河南省の国税は銀三〇〇万両である。巡撫（地方長官）の公式年俸は銀一五五両であるが、実収入はなんと国税の七パーセントにあたる二〇万両といわれている。」12)

それでは、地方の役人である胥吏の収入はどんなものであっただろうか。「みな土地のものであるし、ほとんど代々世襲である。吏には正式の給料はなく、しかも吏になろうとすれば権利金を出して、その株を買わなければならぬ。いったいどうしたことであろうか。」「その答えは簡単、すべてのからくりは租税制度にかかっているからである。」13)

「政府には、いうまでもなく土地台帳をはじめ人頭税、公役税などの帳簿がきちんとそろっており、納入は穀類などの現物と、銀単位による現金である。……。微にいり細をうがって、いかにも正確のようであるが、しょせんはそうおもわせるための演出である。要するに政府の公式な帳簿は、みないいかげんなものなのである。」「ほんとうの正確な帳簿は、人民と直接につながる村役場にあり、それがわかるのは、かかりの胥吏だけである。官の知県（地方事務所長）、これは県庁所在地すなわち県城にいる。それ以外の県の役人はすべて吏である。彼らはがっちり手をくみ、そのうち親分格が県の書記におさまって、下部の町や村の吏ににらみをきかすのである。……王朝はてんぷくしても、吏の世界は不変不動であった。彼らは土地のことをすべてに精通しているから、新任の知県は彼らなしには、なにひとつわからない。この点で官はロボットにすぎない。」14)

「さて政府は公式台帳をもとにして国税の総額をきめ、これを各省にわりあてる。これを省政府はまたこれを府に、府は州あるいは県にわりあてる。ところで、租税は国税だけであって、地方税は公式にはいっさいないたてまえになっている。ただ地方官が役所の維持費をいくらか付加税としてとりたてることを黙認しているだけであるが、じつはこの黙認が目のつけどころで、官と吏はぐるになって、上は省から下は県にいたるまで、心ゆくまで人民から付加税

をしぼりとる。その結果は総額において、付加税が国税の 10 倍ぐらいになるのである。」15)

　ここからおおよその状況がのみこめる。中央の官僚と地方の胥吏が、もちつもたれつの関係で、実務的には胥吏が庶民からしぼってきた巨額な富の山分けをする図式である。地方官は、任期3年のうちに六〇万両をため込むことができ、胥吏は名目的には「無給」であるが、さまざまな名目の「付加税」を裁量によって搾り取り、お金をたっぷりと手にすることができるということである。いずれもその地位にあるかぎり、富が転がり込んでくる仕組みである。

　「ここで討論しなければならないことは、これらの資産蓄積の由来であり、源泉である。それは官吏という機構の中から探し出さなければならない。ことわざに"千里を遠しとせずに官につくことは、ただ財産のためである"、"官を長くやれば、自ずから豊かになる"とは、この意味を具体的に説明している。」16)

　それはすなわち、「官吏の資産蓄積の源泉は、主として収賄とゆすりである」17)という。官と吏の機能から、どのようなものであるかは、おおよそ想像することができるであろう。

　科挙に合格しても、実際にポストにつける人は人数にくらべて少なく、またポストによって「実入り」がことなってくることから、激しい争奪戦が繰り広げられることになる。ポスト決定権をもつ人たちに贈賄が集中し、収賄する側の蓄財の源泉となる。もちろん、下から上への贈賄は各層にわたっており、このような風潮はおそらくはポストのみではなく、それとかかわる多くの方面から社会全体に広がり、あらゆることがらに贈収賄の習慣が定着していることであろう。そしてその額は、しだいに高額のものとなっていくであろう。胥吏についても、おなじく実質的な利益にみあうだけの贈収賄がおこなわれるであろう。

　「ゆすり」とは、どのようなことを意味するのであろうか。

　胥吏には公式の俸給がないことから、国税を徴収する役所の維持費、さらに徴収の際の手数料、付加税、税として徴収する穀物・銀の目減り分、その他の名目をつけてかなり任意に決めることが暗黙に了承されており、農民にたいしては各種さまざまな名目で、ある限度である、官逼反民、つまり人民が蜂起す

る一歩手前のギリギリのところまで搾取・収奪をしていたであろう。各地で胥吏は、単独または申し合わせて、「手心を加える」とか、さまざまな「なんくせ」をつける等のやり方をつかって絞り上げていく、これがまさに「ゆすり」にあたるのではないだろうか。

　これらのことが、皇帝からの暗黙の了承をうけていたことを逆に証明することがらがある。雍生六年（1728年）に、胥吏への正式の俸給である養廉銀が採用された。このことから、次のようなことがみえてくる。まず養廉ということばは、清廉な生活を送ることのできる俸給という意味であろう。胥吏がかってにさまざまな名目で農民を搾取・収奪をしていることは暗黙にしても認めていたが、おそらくそれが過度にわたっているとの認識からであろうか、または皇帝が農民にたいして負担を軽減させる善政を施すとのポーズのためであろうか、徴収する額を公認し、軽減しようしたのであろう。しかしそれは、それまでの実質的収入より低い水準に止めていることも承知しているからこそ、「廉」の文字をつかっていたといえる。そして、胥吏にたいして独裁権、支配権を行使するぞ、との強い意思表示でもあり、また雍正帝は実際にその権力・実力をもった皇帝であったからこそ、このような決定ができたのであろう、等々がみてとれる。

　賈植芳は、官僚主義の典型として官僚和珅を例にあげる。和珅は、乾隆帝の寵臣であり、長年にわたって仕えて権勢を思いのままにし、皇帝の死後誅殺された高級官僚である。かれは長い中国の歴史でも例外的なほど多額の蓄財をしたといわれているが、他の官僚たちの性質をより鮮明な形で体現していることから、例としてあげてもよいであろう。乾隆帝の時代には、乾隆帝がかれを支持していたことからなんらの処罰を受けることはなかったが、1799年乾隆帝の死後次の嘉慶帝の下、ただちに弾劾されて誅殺され、そこで没収された財産は８億両以上にのぼったという。そのなかの25％が不動産に投資され、その不動産投資の構成は、土地への投資、および商業経営の２者であるといわれている。

　「(1) 店舗類──質屋75店舗（資本銀約三千万両）。銀号（個人経営の比較的

大きな規模の金融機関、高利貸……訳注）42店舗（資本銀四千万両）。骨董店十三店舗（資本銀二十万両）。

(2) 田畑類——田畑七千余頃（6.667㌃×100が1頃）（銀八百万両を占める）

嘉慶四年正月十七日の上諭では、次のようにいわれている。和珅の家財は全部で109口、そのうち83口がまだ推計されておらず、推計された26口で合計銀二億二千三百八十九万五千百六十両であった。」[18]

「投資対象の主要形態、あるいは土地、商業、生産事業、または証券であるが、社会の発展度を示す指標である。和珅がその25％を傾けて土地と商業に投資したことから、当時の一般的投資の主要形態をみてとることができるだけでなく、同時に資本の蓄積は土地と商業とが密接に関連していることも明らかにしている。したがって、官吏和珅は、同時に地主和珅であり、また商人和珅でもある。」[19]

そして、李鴻章もまた、「和珅型官吏の軌道から抜けてはいない」として、「かれ（李鴻章）は上海、南京、等の主要都市の質店、銀号の投資者または経営者であり、招商局、電報局、開平鉱務局、中央通商銀行等清末の新産業の大株主であり、産業には商業に投資された額は数百万金以上であり、したがって大実業家でもあり、安徽蕪湖信陽一帯でかれがもっている土地は極めて広く、したがってかれは、大地主でもあるのである。」[20] 中国封建社会の高級官僚は、商人でもあり、高利貸しでもあり、地主でもある、「四位一体」であったことをしめしている。

洋務運動を推進した李鴻章たちも、「四位一体」の、「和珅型官僚の軌道から抜けてはいない」のであるならば、かれらの行動様式には、清朝の存続と自らの蓄財との2要素のうち、蓄財のための手段の方にも比重を大きくおいていたことになる。日本の幕臣、藩士の行動様式には、幕府存続、「お家大事」のためという要素は当然のこととして存在していたが、清朝官僚のそれに比べたら自らの蓄財のためという要素の比重は明らかに小さかったといえる。その行動の動機には、藩士であれば、お家の存続が自らの存在・存続を保証するとのか

んがえが主要なる位置を占め、自らの蓄財のためという動機は、それに及ばないと思われるからである。幕藩体制が、上層部の一部を除けば、旗本、御家人、そして藩士の生活は豊かなものとはいえなかったことを承知しているわれわれには、自らの蓄財が中国高級官僚の行動様式の大きな根幹であると理解しにくかったことから、洋務運動失敗の原因として重きを置いてこなかった。ここで高級官僚たちが蓄財に重きをおいているとの立場に立てば、これまでつきあたってきた疑問の答えがよりはっきりと見えてくるようである。ここは両国封建制度の差異と、これまで自らの文化を中心に置いてきた国と、外国文化を学ぶことに慣れていた国の両者を分岐させたものとして鋭く表れてきているところといえる。やはりこのことも、中国で失敗し、日本で成功した原因にあげるべきである。

第二節　現在に官僚主義が存在するか

　1949年の中華人民共和国建国は、社会主義建設をめざしての出発点であった。西欧諸国は資本主義体制であり、官僚制度はもちろん存在しているが、官僚が大衆の権利を侵害、剥奪する状態、つまり社会面で官僚政治の弊害が発生することはすでにすくなくなっており、その欠点は主として官僚政治の技術面に限定されている。それでは社会主義制度をとる現在の中国では、どのようになっているのであろうか。

　経済改革は、「貧困の社会主義」から「ゆたかな社会主義」をめざすものでもあり、「貧困の社会主義」はまた、「貧困の平等」、「平均主義」の特色をもつ、所得格差の少ない社会であった。しかし「ゆたかな社会主義」は、労働に応じた分配原則が貫徹されることを前提とするものであり、そして人間の労働能力は一人一人ことなることから、必然的に所得に格差をもたらすものである。「貧困の社会主義」は、本来あった格差を、不合理なかたちで平均的な所

得へともっていったことから、結果として労働意欲、サービスの低下等の方面に悪い影響が生まれ、結局は「貧困の平等」をもたらし、いきづまっていったといえる。反対に労働意欲を高めようとするならば、所得格差がうまれることになるが、それが各人の労働能力を反映した合理的範囲にあるものならば、当然それは正常な現象である。そして、現在中国が突きあたっている所得格差のなかで、またもや不合理によって格差が拡大される事態が多く含まれているといわれる。そこが所得格差にたいして、現在批判対象とされているところである。われわれはまず、所得格差が存在する現在の所得分配状況からはいらなければならない。

　ここで所得格差の由来について述べる必要があるであろう。
　経済改革が開始されてから、中国の人たちの所得が上昇するにつれ、格差もまた拡大している。
　われわれが格差としているのは、都市住民全体と農村住民全体の所得格差という種類のものではない。これは工業化が進展している社会または国家において、主として工業の所在する都市と、農業が主である農村における生産性のちがいから発生している格差であるからである。これは、かつて工業化の道をたどったすべての社会または国家が経験してきた格差であり、経済発展にともない縮小していく傾向になることから、当面している問題ではない。
　われわれが注目する所得格差は、産業別、地域別、経営形態別に、それぞれ個々の単位ごとにもある大きな格差、たとえば、農業のなかでも、穀物栽培、経済作物の栽培、家畜の飼育、養魚、等々、生産する作物によってもことなり、また沿岸地区が内陸地区より高収入であり、私営企業が国有企業で働くより所得が多くなることが多い、国家機関に勤める公務員、金融機関で働く人の所得は多い、等々多方面にわたっている所得格差である。それらが合理的、合法的なものであるか否か、つまり他の人たちを収奪することによって生まれた格差であるか否かをみなければならない。
　現在存在しているといわれる格差を生みだしている源泉について、『中国経済・重大決策始末』と、『中国現段階階級階層研究』の２冊の叙述を通じてみ

てみよう。

『中国経済・重大決策始末』によれば、以下のようである。

「改革以来、わが国住民の所得格差に拡大をもたらした来源は、主として以下のいくつかの方面である。」

1. 所得格差の一部分は正常な所得によって構成されたものである。それには労働に応じた分配原則が貫徹されており、平均主義的分配メカニズムの中に市場分配メカニズムを導入した結果である。
2. 所得格差の一部分の源泉は、地域経済発展の不均衡と産業によってことなる労働生産性の差異である。中国は地域が広大で、資源分布が不均衡であること、および各地域で交通等の経済発展の条件がことなっており、歴史的にも東部、中部、西部の地区ごとに住民所得に格差があった。近年来このような所得格差も拡大傾向にある。
3. 所得格差の一部分は、競争起点が不均衡であったことからもたらされた不合理な所得に由来する。近年来この産業・業種別の所得格差問題が突出している。1978年の産業・業種別の最高所得と最低所得の格差は、絶対数で458元であったが、1997年には5423元にまで、10.84倍にたっした。[21]
4. 「所得格差のかなりの部分の来源は、灰色所得、または黒色所得、すなわち、非正常な性質または非合法の所得である。その主要なものには、権利をお金と取り替える所得、非合法の経営所得、脱税による所得、国有資産を侵害した所得、窃盗による所得、闇取引や麻薬販売の所得、等である。報道によれば、1992年だけでも、課税対象総額のその年の国民所得使用額の1/3に相当し、消費基金総額の半分以上を越えている。」[22]

ここの1については、すでにのべた理由により、経済改革にともなう正常で、合理的な格差といえる。2、3については、中国が現在おかれている事情にもとづくものである。つまり、計画経済時代の体制から社会主義市場経済の体制へと移行するにあたり、その出発点が経済全体にわたってきわめて不均衡な発展状況にあったこと、そして歴史的につづいてきた地域間格差等を反映し

ていること、技術面では、先端技術によるものから手工労働を主体とする、かなりおくれた水準にあるものまでが併存し、しかも地域的にも偏在している等々である。

2, 3であげられている格差は、そのような低い出発点から、急速な経済成長がなされていることで拡大されている所得格差ということができる。このような格差は、経済活動がいっそう活発になり資本が蓄積されるにつれ、ある産業の利潤率が高いとすれば、多くの資本がそこに参入する傾向が生まれ、やがてその産業に投入されている資本が過剰となり、現在手にできている利潤率が確保できなくなると、一部の資本はそこから、利潤率を確保するため他の産業へと投資先を変える。そのようなことが多方面で繰り返されれば、どの産業に従事しても利潤率に大きな格差はなくなり、社会的に利潤率が平均化してくことになる。当面は大きな格差を生みだしているとはいえ、いわゆるマルクスのいう「利潤率平均化の法則」によって早晩縮小していく傾向をもつ格差である。したがってこの部分の格差も、取り残されている人たちにとって激しい苦痛をともなうものではあり、工業化の過程でどの国でも多くの国民を苦しめたものではあり、このことが近代社会、資本主義社会のもつ罪過であるともいわれてきたものであるが、市場経済であるかぎり、けっして不合理なものとはいえない。

問題は、灰色ないし黒色の所得である4に存在しており、不合理なもの、時には非合法のもので、そしていわゆる腐敗現象を指すものである。これは、ある特定の産業が不合理に多くの所得を取るという類の形態でなく、非合法の犯罪部分をのぞけば、社会体制の政策決定に近い各部分にいるものが、他の人たちの権利を自分たちの特権として侵害し、抑圧しているものである。さらに、この4つの格差を来源のなかで格差を拡大している所得のうち、1から3までのものはいずれも「一部分」と表現されているが、4についてだけが「かなりの部分」との表現となっていて、量的にも大きなものである。どれくらいの比率を占めているのかは具体的、量的には不明であっても、表現の違いから、4つ目の来源のうち、灰色所得、または黒色所得が、だんぜん大きな比重を占めているとかんがえられる。

またもう1つの著作[23]には、「先富群体」(富裕層のこと。鄧小平が述べた「一部分の人たちを先ずゆたかにさせる」との構想に由来している)が生まれた原因について、さまざまな例をあげている。そのなかから、どのような人たちが合理的、合法的に高い所得を得た富裕層で、どのような人たちが不合理、非合法に高い所得を得ているかをみてみよう。(　)内は、わたしの判断の根拠である。

① 合理的、合法的とかんがえられるもの
 i 外資、合資企業に勤めている人たち。(国際的な賃金水準が中国のそれよりも高いために生まれた格差)
 ii 農村で非農業産業(郷鎮企業等)に勤務する人たち。(郷鎮企業経営による所得、賃金が、農業従事による所得より多いために生まれた格差)
 iii 資産量が多くなればなるほど、多くの財産所得を得ることができる。(どのような手段で手にした資産かを問わなければ合理的な格差)
 iv 労働に応じた分配が実施されたため所得が増加した。(典型的な合法所得により生まれた格差)
 v 少数の企業請負人は、高額の利益配当金によって金持ちになった。(契約にもとづくものであれば、合理的、合法的所得によって生まれた格差である)
 vi 住宅改革にともなう住宅私有化で、さまざまな様式を通じてより多くの住宅を占有した人たち。(合法的な取得手段によるのであれば問題はないが、実際には職務権限を利用して多くを占有した人も多いと聞く)
 vii 教育を受けたものがより高い収入を得られるとされる風潮から、家庭教師や高額の講演料を手にできる官僚、専門家、学者の一部がゆたかになった。(合理的な所得により生まれた格差)
 viii 政府の政策が所得増加をもたらした。たとえば、農業からはなれて他業種に参入して単独経済となった農民家庭、経済特区で雇用されたことによるもの、農村での税制の改革によるもの等。(合理的配分への矯正過程で生まれた格差)

ix 独占業種と非独占業種間の所得格差が増大しつつある。通信、エネルギー、金融・保険業等では、新たな経営者の参入を排斥した。(当然合法的であるが、合理的であるかどうかはまた別の問題である)
　x 投機活動によってゆたかになる。(投機は、非合法なものでなければ、他を搾取したことにはならないので、合理的といえる)
② 不合理、非合法で得ているとかんがえられるもの
　i 金融業に従事する人たちの一部。業務の特徴とその業務の発展にともなうさまざまな機会を利用して、暴利を手にした人たち。(職務権限を利用して生まれた格差であれば、不合理な格差)
　ii 権力をもっていることによってゆたかになっていく人たち。(一般的には、「権力をお金に換える」と表現されるもので、もちろん不合理なもの)

　この２冊の本のいずれも「権力をお金に換える」を深刻な問題としてあつかっている。『中国経済・重大決策始末』では、さらに「国有企業を侵害した所得」があげられ、『中国現階段階級階層研究』ではさらに、「社会資源の管理者」、「国有企業の責任者」、「資金機構を掌握している者」をあげている。
　これらのいずれも、官僚という立場にあることによってはじめてそれを所得の源泉とすることが可能となるものであり、だれもがそのようにできるというものではない。官僚が不合理な蓄財をしていることはあきらかである。すべてが「犯罪」で非合法であるならば、それを法に基づいて対処すればすむであろう。しかし現在の中国では、この現象が社会の大きな部分を覆っているようである。またすべての官僚が不合理な蓄財をしているわけではないであろうが、すくなくともこれらのことからかつての「官僚主義」に似たものが存在していると判断することができる。

　はたしてこの現象は、封建社会、半封建・半植民地社会をつうじて存在しつづけてきたと同じものであろうか。それが「官僚主義」であるとしたならば、「官僚が政治権力の全てを手中に掌握していることを利用して、官僚が一般公

民の自由を侵犯・収奪する権利をもち、官僚は政府の措置を自分の利益を図るためのものとしてしまう。」との定義とつきあわせなければならない。

一般公民とは、封建社会においては、当然その社会で大多数を占める農民がそれにあたっているが、現在では経済活動の分野が拡大していることから、農民はもちろん、都市住民である国有企業の労働者・職員、そして集団所有制の労働者・職員、単独経済の人たち、そして資本主義経済の経営者およびその従業員である。

劉永佶によれば；

かれは、現在の中国社会主義体制を初級公有制と位置づけ、将来、または本来あるべき体制を勤労者社会主義とかんがえる。この初級公有制の主体は、労働力と生産手段の所有権をもつ勤労者であり、その性質は、勤労者が労働力と生産手段の所有権を掌握することを基礎とした権利体系であり、その目的は、自由に連合した勤労者の素質・技能を高めていき、発展させていくことであり、原則は、所有権の主体が占有権にたいして機構の民主的コントロールを行使することであり、メカニズムは、勤労社会主義の法則である、という。[24]

全人民所有制企業の労働者・職員は、生産手段の名義上の所有者としてその所有権を行使することはできず、労働力の所有権も法的根拠がはっきりとはしていない。農民は、80年代の生産責任制の採用により、配分された狭い土地への使用権と労働力の所有権を手に入れた。しかし、農民工については、労働力所有権を保証することは難しい状況にある。私有企業の賃金労働者は、理論上、法理上所有権を保有しているが、具体的な規定がなされていないこと、そして社会的には労働力が過剰であること、さらに健全な労働組合組織がないことによって、賃金労働主の権益を侵す事件が縷々発生している、という。[25]

「ここからいえば、公有制の原則に規定された勤労者の所有権およびその他の権利は、現実の中国ではすべて明確にされておらず、保障されていないことである。国有と集団企業は、公有制経済の基本的形態として、その生産手段の所有権が基本的には国家機構または国家を支配する集団単位に掌握されており、経営権の上で招請または"請負"等の方式を実行しても、集団的性質は依

然として保持することができ、とりわけ"産権制度改革"のときには、往々にして個別的な官僚と経営者が互いに結びつき、国有資産を侵害し、労働者・職員の利益に損害をあたえる状況が出現した。」[26]としている。

このように、「官僚主義」ということは、ひろく一般社会の人口に膾炙されているだけでなく、限られた数の出版物しか調べられないが、ほんの幾冊かの専門書のなかからでもこのように述べられていることにつきあたることから、現在もまた官僚政治、官僚主義が存在しているといってもよいであろう。

ただし同じ官僚主義といっても、封建社会、半封建・半植民地社会、そして現在の社会主義社会に、まったく同じ形態で存在しているわけではなく、その形態にもそれぞれに特徴をもっているといえるであろう。たとえば現在の国有企業における官僚主義は、封建社会のように大多数を占めていた農民に対して税収面で活動するものではなく、また四大家族のように独占的、特権的地位に依拠して、国家経済の命脈をにぎる企業を掌握するのでもなく、現在では国民経済各方面において幅広く活動し、たとえば国有企業に関連した方面における官僚主義の活動は、国有資産を自己のものとすること、農村において農民にたいして行っている不合理な官僚主義的活動、その他においてのもの、と形態はさまざまである。官僚としての地位、または職務権限に依拠して多くの資産を不合理な形態で手に入れていることは、いずれの時代の官僚主義とも共通である。ここではこれ以上踏み込まない。

第三節　官僚主義を克服できるか

現在もまだ存在している官僚主義を克服できるか否かについては、今後の中国経済発展にとって重要なことがらであることは明らかである。克服が可能か否かについてさぐってみよう。

官僚主義は、清朝封建社会のものと現在のものとではことなった形態で表れ

ている。

　封建社会における官僚主義は、貪官、清官との差異はあっても、いずれも農民（公民）を搾取・収奪するものであり、しかもそのこと自体は「犯罪」とはされてはいない。貪官は、農民（公民）をいかに限界近くまで搾取・収奪することに力をそそぎ、結果そのことが政治上、人道上責められるものであった場合には、弾劾され、犯罪とされることもあり、清官はそれよりもいくらか少なくしか搾取・収奪していないということであり、両者の性格に変わるところはない。貪官と清官のちがいは、犯罪か否かではなく、程度の問題であり、いずれも搾取・収奪を事とする、官僚としての日常業務にすぎない。たとえ和珅であったとしても、かれの行った収賄、蓄財の行為自体は犯罪としてなされたものではなく、そのような制度のなかで、官僚であるならば当然のこととして行われる行為であった。それぞれ上層の官僚が、ひいては皇帝がどのように判断するか、乾隆帝が許容し、代がかわって嘉慶帝によって弾劾されたように、通常の行為になったり、処断さるべき犯罪的行為にもなったりした。

　現在の官僚の「腐敗」は、はじめから犯罪として扱われている。中華人民共和国成立の前々日（1949年9月29日）に採択された政治協商会議第一回全体会議の共同綱領[27]で、すでに次のように明文化されている。

　「第十八条　中華人民共和国のあらゆる国家機関は、廉潔な、素朴な、人民に奉仕する革命工作をする気風を励行し、汚職を厳罰に処し、浪費を禁止し、人民大衆から離れた官僚主義的気風に反対する。」

　「第十九条　県・市以上の各級人民政府には、人民監察機関を設けて各級の国家機関および各種の公務に携わる人たちがその職務を履行しているかどうかを監督させ、そして違法、職務上落ち度のある機関および人員を弾劾する。

　人民および人民の団体は、いかなる国家機関および公務に携わる人たちの違法、職務上の落ち度を、人民監察機関または人民司法機関に控訴する権利を有する。」

　1954年に採択された「中華人民共和国憲法」[28]には、次のように規定されている。

「第九十七条　中華人民共和国公民は、国家機関ではたらく者のいかなる違法、職務上の落ち度にたいして、各級国家機関にたいして書面または口頭で控訴する権利を有する。国家機関ではたらく者により公民の権利を侵犯されたことにより損失を受けた者は、賠償を取得する権利を有する。」

「第百一条　中華人民共和国の公共財産は、神聖にして侵すことはできない。公共財産を愛護、保護することはすべての公民の義務である。」

以下、いくつかの憲法、中央文件、法律においても、決して許容してはいない。しかしときには、国家級の指導者から、地方の下級幹部まで、驚くほどの数の人たちが逮捕され、その収賄額、窃取額もまた驚くほど多い。繰り返し、繰り返し違法であると指摘されていることは、まだ克服されていないことを意味している。

官僚の腐敗は封建社会に比べて多方面にわたっている。農民にたいする収奪、集団経済、単独経済等にたいする収奪は、生産面、流通面等広範な面にわたって行われている。単独経済、その他の経済構成要素においても、それぞれ厳しい収奪が行われているが、われわれはこれまで注目してきた国有企業の資産流失、国有企業の損失総額の利益総額にたいする増加に焦点をあてて、いま一度観察してみよう。

改革・開放政策によって生まれた社会主義市場の中で、さらにＷＴＯ加盟以後の世界市場の中で発展していこうとする国有企業が、官僚主義のために総利益額にたいして総損失額が増加していく傾向にあるということは、国内市場、世界市場において競争力を削ぐ役割をはたしていることを意味している。官僚主義が損失を生みだしているすべての原因ではないとしても、すくなくとも国有企業の活動にとって官僚主義はカセであることはあきらかである。中国経済が現在でも成長をつづけていることは、それでも官僚主義というマイナス要因を補うなにかが存在しているともいうことができる。

国有企業において官僚主義により権利（自由）を剥奪されているものは、労働者・職員である。国有資産は全人民の財産であるとともに、もともとは労働者・職員のかつての労働成果であることから、当然のことである。労働者・職

員は、自らの労働によって増殖した新たな価値の中から賃金を受け取り、その残りが資金として蓄積されて国有資産となる。国有企業の商品が世界市場での競争のなかで、官僚主義というカセがあるにもかかわらず存在していくことができているとしたならば、それは賃金部分が世界水準に比べて低いこと等によって達成されているとかんがえることができる。現在官僚により行われている国有資産の流失をとめて順調な投資がなされ、さらに低賃金の状態が国際水準に改められること、それがまさに中国経済構成要素のなかの主力である国有企業において、これまで中国がめざしてきた世界市場で活躍する「現代企業」ということになるであろう。国有企業のなかで官僚主義が犯罪として企業の発展を阻害するものとして存在しつづけるか、世界経済の競争のなかで活躍する企業として活動しつづけることができるかの分岐は、官僚主義克服にかかっている。このように、官僚主義が現在の中国経済の発展にとってカセであり、重石であることは確かであるが、克服できるか否かは現在のところなんともいうことはできない。

現在の中国では、官僚主義が存在し、法律で禁止されているにもかかわらず、かなり普遍的に存在しているということは、官僚主義の克服が極めて困難なことであることを示している。しかし、それが非合法であると規定されているかぎり、また繰り返し摘発がなされているかぎり、克服の可能性はあるといわなければならない。それを信じるに足る情報は、これまでのところ法律で禁止されていること、継続的に摘発されていること以外にはあまりなく、不可能ではないかとかんじることもまた多い。

[注]
* 本文引用の文章は、日本語で出版されているものはそのまま日本語で、中国で出版されているものについては、引用者折戸が日本語に訳したものである。
* すべて引用した場合長文になることを避け、要約して表記した場合には最後に「より」と付記する。
1) 王亜南著『中国官僚政治研究』中国社会科学出版社1981年刊。
2) 王亜南著『中国官僚政治研究』中国社会科学出版社1981年刊　序より。
3) 《王亜南文集》編集委員会編『王亜南文集　第四巻』福建教育出版社1988年刊

　　　　　　　　　　　　　　　　　　　　　　　　第四章　官僚主義について　155

　　　　132ページ。
　4)《王亜南文集》編集委員会編『王亜南文集　第四巻』福建教育出版社1988年刊
　　　　133ページ。
　5)《王亜南文集》編集委員会編『王亜南文集　第四巻』福建教育出版社1988年刊
　　　　135ページ。
　6)《王亜南文集》編集委員会編『王亜南文集　第四巻』福建教育出版社1988年刊
　　　　185～186ページ。
　7)《王亜南文集》編集委員会編『王亜南文集　第四巻』福建教育出版社1988年刊
　　　　134ページ。
　8)《王亜南文集》編集委員会編『王亜南文集　第四巻』福建教育出版社1988年刊
　　　　138ページ。
　9)《王亜南文集》編集委員会編『王亜南文集　第四巻』福建教育出版社1988年刊
　　　　154ページ。
10)《王亜南文集》編集委員会編『王亜南文集　第四巻』福建教育出版社1988年刊
　　　　244ページ。
11) 田村実造『世界の歴史9　最後の東洋的封建社会』中公文庫　中央公論社
　　　1975年刊　384ページ。
12) 田村実造『世界の歴史9　最後の東洋的封建社会』中公文庫　中央公論社
　　　1975年刊　275ページ。
13) 田村実造『世界の歴史9　最後の東洋的封建社会』中公文庫　中央公論社
　　　1975年刊　273ページ。
14) 田村実造『世界の歴史9　最後の東洋的封建社会』中公文庫　中央公論社
　　　1975年刊　274ページ。
15) 田村実造『世界の歴史9　最後の東洋的封建社会』中公文庫　中央公論社
　　　1975年刊　274～275ページ。
16) 賈植芳著『近代中国経済社会』遼寧教育出版社2003年刊　162ページ。
17) 賈植芳著『近代中国経済社会』遼寧教育出版社2003年刊　162ページ。
18) 賈植芳著『近代中国経済社会』遼寧教育出版社2003年刊　161ページ。
19) 賈植芳著『近代中国経済社会』遼寧教育出版社2003年刊　161～162ページ。
20) 賈植芳著『近代中国経済社会』遼寧教育出版社2003年刊　162ページ。
21)『中国経済・重大決策始末』江蘇人民出版社1999年刊　603～605ページ。
22)『中国経済・重大決策始末』江蘇人民出版社1999年刊　605ページ。
23) 閻志民主編『中国現段階階級階層研究』中共中央党校出版社2002年刊。

24) 劉永佶著『中国経済矛盾論』中国経済出版社2004年刊　65ﾍﾟｰより。
25) 劉永佶著『中国経済矛盾論』中国経済出版社2004年刊　66ﾍﾟｰより。
26) 劉永佶著『中国経済矛盾論』中国経済出版社2004年刊　69ﾍﾟｰ。
27) 『建国以来反貪汚賄賂法規資料選編』中国検察出版社　1991年刊　1ﾍﾟｰ。
28) 『建国以来反貪汚賄賂法規資料選編』中国検察出版社　1991年刊　2ﾍﾟｰ。

終章　洋務運動と明治維新の結果を分けたもの

　発展いちじるしい中国経済の将来発展像をどのように見ればよいか、が世界的に注目されている。中国には、政策策定にあたり「歴史を鑑となす」との伝統があり、また「経済改革は洋務運動を鑑としている」を耳にしたことから、これを糸口にして、中国の伝統的行動様式をつうじて、経済改革が向かっている方向をさぐろうとかんがえた。

　洋務運動は、約2000年にわたって継続された皇帝を頂点とする封建体制を維持・擁護することを前提として、その枠内での近代化・工業化を目指した運動であった。経済改革は、計画経済の時代と同じく、「共産党執政」の下で「社会主義」をめざし、「プロレタリア階級独裁」の下で、「マルクス・レーニン主義、毛沢東思想」を指導思想とするとの四つの原則を堅持するなかで、ゆたかな社会主義建設を目指しているものである。ある前提または原則を遵守するとの範囲で、新たな、大きな改革をめざすこの2つの運動・政策は、確かに似ていた。

　しかしこのいくつかの「似ていること」は、あまりにも表面的なことである。洋務運動が封建制度の維持を前提としたことと、経済改革が社会主義、等の原則維持を前提としたことは、結果的に似たものであっても、意識して似せることのできるものではないであろう。「経済改革は洋務運動を鑑とする」とだれが提唱したのかについては、同じ人の名前を数人の人たちから聞いたことから、その人の発言録をいくらかあたってみたが、これまでそのような発言を見いだすことはできなかった。もしかしたら、経済改革が提示された直後にだれかがこれらの類似点に気がつき指摘した、というのが妥当かもしれないと思うようになった。しかしわれわれの論考の目的は、「経済改革は洋務運動を鑑

としたか否か」を確かめることではなく、「洋務運動がなぜ失敗したか」、「清国と日本が、近代化・工業化をはじめて目ざしたとき、両国にもたらされた結果の差異はどこからきたのか」を通じ、「経済改革はどのような性質をもち、どこへいこうとしているか」を、中国がもつ行動様式から述べることであることから、このことばをだれが言いだしたかについてはこれ以上論じない。

洋務運動をしらべていくなかで、洋務企業の効率の低さ、その原因として官僚主義、官僚の腐敗等の存在にいきついた。中国の長い歴史の流れ、封建社会からの流れがさらに今にいたるまでつづいており、官僚主義の存在が洋務運動と経済改革共通の特色となっているようにみえてきた。ここで日本と比較することが大きな役割をはたすことになった。

結論として、①両国の封建制がもつ性質の違い、②歴史的につづいてきた伝統の違いをあげなければならない。②は、①の中に含むとかんがえることもできるが、われわれはそれを2つに分けて、2つの原因とする。

① 両国の封建制度がもつ性質の違いについて

中国、清朝の封建制は、官僚地主制封建制度または独裁主義封建制度といわれるものであり、日本の封建制は、領主制封建制度の特色をもったものである。

皇帝をいただく中国の封建制度には、堅固な官僚制度が整っており、儒教等のイデオロギーによる官僚主義的支配体制が長期にわたって全国を覆っていた。官僚は「政治権力の全てを手中に掌握していることを利用して、一般公民の自由を侵犯・収奪する権利をもち」、儒教・儒学の知識を手段として官僚になり、大げさに表現すれば、封建社会のなかで「お金もうけ」をすることをその動機・目的の大きな部分として活動していた。

そして官僚はまた、封建社会の経済的基礎である土地を所有する地主でもあり、商人でもあり、高利貸でもあった。このような性質をもつ高級官僚が推進する工業化は、よほどのことがないかぎり封建制度の維持・擁護を前提としなければならい立場にあり、それは同時に「お金もうけ」を大きな要素として視

野に入れながら進められていた。

　結果として、「不能率」、「腐敗」という封建官営経済が長いこと持ちつづけてきた特色をもつ企業もめだち、外国資本家の利益をはかる買弁的性格も合わせてもっていた。たとえば汽船をつくることは、清朝の「自強」のためというなかで、いかに先進的で強い汽船をつくるかという動機と同時に、「旧い機器を売り捌くのを助ける」ことも動機としたことも、ここから少しは理解できるのである。「自強」を任務・職務として従事しているだけでなく、なんとなくそのほかにも目的がある、または徹底性を欠くと感じられたことには、この原因があるからであろう。

　一方日本江戸時代の封建制度では、幕藩体制が敷かれていて全国の統一的官僚制度は存在せず、天領は天領で、各藩はそれぞれ各藩で封建的支配を実施していた。支配階級としての武士の多くにとっては、旗本から御家人まで、藩主から下士にいたるまで、先祖から伝えられた家禄に依拠して生活しており、もしも家禄を失うことになれば、それは収入源がなくなることを意味していた。家禄は、一部の人たちを除けば、質素な生活をわずかに支えるに足るものにすぎなかった。天領、藩の運営は、その組織全体の存続を大前提に、幕府、藩の存続に影響することであれば、自らの利益に反することでも、ときには命を代償にしてでも、それを優先させることもあったといわれる。

　そして概していえば、藩そのものも、その家臣もおおむね財政的、経済的にはゆたかではなかったといわれている。武士の行動は、たとえば藩士とすれば、上士も下士も区別なく、まずは自分の生活を確保するためには自分の属する組織を維持・継続しなければならず、したがって自己の所属する藩の利益をまず図った後、はじめて自己の利益を図っていたようにみえる。つまり、自己の利益を図ろうとするばあい、自分の所属する組織を対象としてそこから利益を図ったり、また組織を無視して自分だけの利益を追求したりするというよりも、所属する組織の利益と自分の利益を同時に視野に入れて、それらが矛盾しない方向で利益をあげる道をさぐろうとしていたようにみえる。明治維新期における武士の行動に、直接的な自己（個人）の利益追求ということがあまり見受けられないのはこの行動様式があったからだとかんがえる。

また支配階級に属する武士が、明治維新の活動に参加した主力であったにもかかわらず、その階級的地位を否定する資本主義への移行を自らめざすことになった原因として、それまで経済的にゆたかでなかったことから政治的求心力が比較的弱いものとなっていたことを、その一つにあげてもよいであろう。
　補足すれば、中国の封建制度は、長期間にわたって継続し、強固な官僚制機構をもつものであるだけに大きな惰力をもっており、そこでは封建社会の枠組みを崩す条件もうまれなければ、発想ももたらさなかったであろう。一方日本では、封建社会継続については、もともと相対的に独立した部分ももつ領主制であったこと、経済的条件等により、支配階級全体に中国ほど強い復元力ははたらかず、さらに伝統である他文化受容にたいする柔軟性を社会全体がもっていたからであるといえるであろう。

② 歴史的に続いてきた伝統の違いについて
　約2000年にわたった中国封建制時代は、また他の周辺諸国に比べて経済的、文化的、軍事的等あらゆる側面で圧倒的優位にたっていた「中華」の時代でもあった。それまでは歴史の転換点に立ったとき、それにさきだつ歴史の経験を鑑とすることによって乗り切ることができた。しかし、経験したことのない「変局」（アヘン戦争からはじる西欧列強の侵略）に出会い、これまでの習慣にならいさまざまな措置を講じたが、その制度そのものを組み替えるところまでただちにつながることがなかったことは、いわば当然のことといえるであろう。
　また、清朝の時代を通じて外来文化への対応状況をみると、日本との違いをかんじるところがある。たとえば、イタリア人カスティリヨーネ（朗世寧）は、宮廷画家として多くの油絵を描いたが、それ以後中国人に伝承され、広がっていったようすがないこと、またかれが設計したともいわれている円明園にあったベルサイユ宮殿を模した洋風建築もまた、その後中国の建築界に影響を残したともみえない。故宮博物院のなかに時計館があり、ヨーロッパ各国の清朝と同時代の国王等から贈られた贅を尽くしたたくさんの時計が展示されている。しかし、宮廷内でガラス工場などがつくられたということではあるが、時計の

製造技術が中国社会に広がっていった形跡はあまりない。外国人がもつ技術について、当然のことながら興味をしめすが、その技術を外国人が発揮することは許しても、それを自国人に学ばせて広く取り入れようとすることがなかったようにみえる。

　日本で西欧文化を受け入れた状況を思い浮かべて比較すれば、その違いが明らかであろう。1774年（安永3年）に翻訳出版されたオランダの医学書『解体新書』については、前野良沢、杉田玄白、等の市井の医師たちが、オランダ人との直接的交流を通じてではなく、またオランダ通詞が確たる語学水準にあったのでもないとの条件のなかで、自分たちの力をもとに翻訳している。藪内清によれば、中国では『各体善録』とよばれるヨーロッパの解剖書をフランス人学僧パレナンに、勅命によって訳出させた満州語訳の写本が現存しているという。「しかし解剖書の普及は世の風教に害があるという皇帝の意向で、漢訳も行われず、満州語訳のみが宮中に秘蔵されたのである。」「日本と中国とでは、同じ封建社会といっても様子がよほどちがい、中国では学問研究の領域でも専制君主の意向が強く反映していた。これに対し日本では学問研究はむしろ一般民衆の手に委ねられていた。」[1]と述べている。

　外来文化にたいする態度のこれらの差異は、どこからでてきたのであろうか。「同じ封建社会」ではなかったことはすでに述べたとおり、独裁主義的封建制と領主制封建制とのちがいがあった。そこから派生して、両国がこれまで置かれていた政治的、経済的、文化的関係によって生まれたといえる。中国が2000年来外来文化に大きく影響されることなく経過した国であるのにたいして、日本は封建時代のみならず、時代を遠く遡った飛鳥時代、奈良時代から、常に中国という外来文化に関心をいだき、その優れた点を学ぶ努力をしてきたことである。

　日本では、ヤグラ時計（大名時計）は鉄の加工技術をもつものよって製作方法が修得され、改良されて、多くのところで見受けられるものとなり、そして西洋画は司馬江漢、亜欧田善という民間の人たちによって試みられていることもまた、多くの人たちが知っていることである。外国のすぐれた文化、技術は、為政者が独占しようとするのではなく、為政者が臣下に命じることもあ

り、また一般人がいくらかの危険を冒しながら自分たちの手で検証し、掌握しようとしている。中国では、外国人が滞在し、油絵を描き、そしてそれが存在することを皇帝が許すことはあっても、中国人にその技術を習得させたようすはなく、『各体全録』もまた、皇帝の判断でその技術は社会に普及することなくかかえこまれている。中国での時計は、まるで一般に普及することを嫌う皇帝たちだけの「玩具」にすぎないようである。

　日本が、外国文化を学ぶのに熱心であるという伝統をもつのは、中国が「中華」であったことの対極に位置していたからであり、千数百年の間ときにより熱意に強弱こそあれ、つねに外来文化を学ぶ立場にあったからである。江戸の中期をすぎて、ヨーロッパがもつ科学技術の高さに気づいてからは、学ぶ相手を中国から西欧にかえたにすぎず、この伝統は民間にのみならず、徳川幕府当局にすら強く働いていたといえる。

　両国は封建社会の伝統について、中国ではいまだに官僚主義という封建時代の記憶を忘れておらず、日本では外来文化受容にたいする積極的性格をそのままもちつづけているが、しかし新しい外来文化を受け入れることは、一方では旧い文化、自分たち固有の文化を捨てることでもあるためか、ほんの百五十年ほど前にすぎない封建時代の記憶すらすっかり忘れさっている。

　明治維新の成功と洋務運動の失敗は、両国が長年に培ってきた伝統が、近代化という歴史の関頭においてたまたま大きな作用をはたしたにすぎないとかんじてならない。中国は、現在でもこの伝統を忘れておらず、封建社会2000年来の官僚主義というものが作用し、日本もまた現在でも長年続いてきた伝統を忘れていないのであるが、それは引き続き封建時代と同じことをするのではなく、かつての文化、封建社会の記憶を捨て去り、自分たちが先進的と判断している他文化の吸収に力をいれているのである。

［注］
　1）藪内清著『中国科学技術史』NHK大学講座 1979年4月〜9月号　130ペ。

あとがき

　わたしたち中国経済を研究するものは、ほとんどが現代中国語を使用し、扱う時期は主として解放後である中華人民共和国という時代、関連してせいぜいそれに先立つ社会である国民党支配下の旧中国までの狭い範囲にすぎなかった。このため、知らず知らずのうちにいくつかの限定した枠内で研究することになっていた。つまり、マルクス経済学以外の視点を持たず、現代中国語をつかい、清朝崩壊から、抗日戦争、解放戦争を経て中華人民共和国建国、「計画経済の時代」、そして「改革・開放」政策の現在までの約百年間であった。そのためわれわれは知らないうちに、研究面で欠点をもつことになった。
　このように限定された枠組み内での中国分析には、時には対応しきれない部分がでてくる。つまり、「過去を断ち切って解放された新しい中国」を対象としてきたことから、過去から継承してきた部分がみえず、すべてが新しく、かつ自分たちの社会と同じ現代とおもいこんでいたことによる。たとえば、中華人民共和国の建国は、封建社会の文化、思想等の批判の上で、それらを完全に断ち切り、過去とは無関係な形で「近代化」をすすめているものとかんがえてきた。
　「近代化」がわれわれにとって、工業化、産業化、資本主義化、そして西欧化という4つの側面をもつことばとすれば、そこから、中国の目指す「近代化」とは、工業化、産業化はわれわれの意味するところと合致し、社会主義による近代化であることが明らかであることから、容易に資本主義化という側面は取り除いてかんがえることができる。しかしもう1つの「西欧化」という側面は、無意識のうちにすべて「西欧」と同じ思想、かんがえ方に立って進められているとおもい込んでしまっていたのである。
　もしも同じ思想、かんがえ方によって運営されている国家だと思いこんで中国を観察したとするならば、中国の長い歴史でつちかわれ、継続されてきた部分がすべて抜け落ちてしまうことになる。現在の中国社会は、西欧の思想・文

化で運営されている部分もあれば、中国の長い歴史から受け継がれてきた思想、かんがえ方がかなり生きていて、それもまた一定の役割をはたしていることもあることを忘れてしまうことになる。

　イギリスからはじまる、日本を含めた多くの国が経過してきた近代化の過程と、現在われわれの目の前で展開されている中国の近代化の過程で、いくらかことなるものが存在しているように感じられてきた。封建制が他の国よりずっと長く続いてきたことが影響しているのか、歴史を常に鑑としている国であるからであろうか、中国がこれまでの歴史を「すべて」断ち切ったとおもい込み、継承している部分もあることに気がつかなかったことから起こったのである。

　「師夷長技以制夷」、「中体西用」の精神によって西欧の思想・文化受け入れがはじまり、少しずつ西欧思想・文化受け入れの形態も変化しながら、多くのものが受け入れられてきて現在にある。しかし、われわれは中国伝統の文化・思想のすべてが捨て去られていたと漠然とおもいこんでいたが、そうではなかった。それは、日本を例としてあげればただちに理解することができるであろう。明治以降、資本主義的生産様式を受け入れてきたにしても、労働者は会社にたいして封建的色彩を色濃くもって対応していたこと、プロテスタント精神なくして資本主義的生産様式を運営していたこと、等々によって起こった日本資本主義独特な現象は、西欧の人たちにとってずいぶんと異質のものにかんじたはずである。このことをおもい合わせれば、中国も当然それに対応すべきものをもち合わせているとかんがえるべきである。中国における官僚主義もまた、当然われわれがちがいとして考慮しておくべき事項であったといわざるをえない。それが「近代化」された社会で倫理的に受け入れられるものか否かは、また別にかんがえなければならない。

　このたび研究対象とする歴史面での時期をアヘン戦争以前にまで広げ、語学面に大きな困難をともなったが、そのおかげで「近くて遠い国」であった原因の一部分が少し理解できたようである。他の国を観察する場合、その前提をあやまっては、結果に差異が生まれる。本書では、これまで同じ前提にたっていてもいいであろうとしていた部分に、つまり封建社会が同じであるとかんがえ

ていたことに、実は無視することのできないものが存在していたことに気づかせられた一つの例であった。

　中国の人たちと交流している人、経済的に関係の深い人たちがますます増加している。そして、それらの人たちから「なぜ」という質問をもらう機会も増えてきた。たくさんの人たちに、簡単に、わかりやすく答えようと、この本を執筆した。学生諸君に原稿を読んでもらったところ、「内容はかなり難しいが、よく読むと興味をかきたてられる」という答えであった。多くの人たちに、スルメを噛むようにじっくりと味わっていただきたい。

　最後になったが、白帝社編集部のみなさまには、本書を世に問うことができたことにつき、心より感謝の意を表したい。

折戸洪太（おりと　こうた）
　　1942 年　新潟市に生まれる
　　1967 年　早稲田大学第一商学部卒業
　　1975 年　早稲田大学大学院商学研究科博士課程修了
　　現　在　山口県立大学国際文化学部教授

訳書・著書
　『新経済学入門』（東方書店）
　『目の高さで見た中国』（不二出版）
　『入門　中国経済』（不二出版）
　『中国改革・開放の 20 年と経済理論』（白帝社）

中国経済改革と洋務運動

2007 年 10 月 10 日　初版印刷
2007 年 10 月 15 日　初版発行

著　者　　折戸洪太
発行者　　佐藤康夫
発行所　　白 帝 社
　　　　　〒 171-0014　東京都豊島区池袋 2-65-1
　　　　　電話　03-3986-3271
　　　　　FAX　03-3986-3272（営）／03-3986-8892（編）
　　　　　http://www.hakuteisha.co.jp

組版／柳葉コーポレーション　　印刷・製本／大倉印刷（株）

Printed in Japan〈検印省略〉6914　　　　　　ISBN978-4-89174-894-4